Hedi Tanner
MEHR ALS EIN ABENTEUER

Hedi Tanner

Mehr als ein Abenteuer

Die ungewöhnliche Arbeit der HELIMISSION

Dynamis Verlag · CH-8280 Kreuzlingen

Ich habe mich entschieden:
zu glauben,
zu lieben,
zu handeln.

Albert Schweitzer

ISBN 3-85645-059-9
Best.-Nr. 10 477

Umschlaggestaltung: Ernst Tanner/bix-grafik
Gesamtherstellung: Schönbach-Druck GmbH, Erzhausen

Printed in Germany

Inhalt

3. Teil

4. Teil

5. Teil

Vorwort

Brauchen wir in unserem hochtechnisierten Jahrhundert noch Pioniere der Evangelisation und Mission? Wer sich auf dem bequemen und relativ sicheren Boden westlicher Länder bewegt, könnte diese Frage vorschnell verneinen. Kommt man aber mit der Dritten Welt in Berührung und bereist Länder wie Afrika, Indien oder Teile Südamerikas, steht man im Blick auf die Entwicklung einer Kluft von Jahrzehnten, zum Teil Jahrhunderten unmittelbar gegenüber. Die Mission braucht darum auch heute Pioniere.

Ernst Tanner ist ein solcher Pionier. Erfaßt von Gottes Liebe, zunächst zu seinen eigenen Landsleuten in der Schweiz, nimmt er auf seiner Afrika-Tour den verborgenen Schrei unerreichter Stämme, Gebiete und Dörfer wahr. Nach Europa zurückgekehrt, wird er diesen Ruf nicht mehr los. Und dann beginnt ein waghalsiges Glaubens-Unternehmen.

Wer die folgenden Seiten liest, wird in dieses Wagnis für Gott mit hineingenommen. Manchmal hält man unwillkürlich den Atem an. Man spürt die Spannung und wird Zeuge von Kämpfen und Siegen, aber auch Enttäuschungen und Ängsten.

Gott hat durch die Geschichte immer wieder nach Menschen Ausschau gehalten, die Ihm ganz vertrauen, die entgegen aller menschlichen Vorstellungen den Mut haben, Seinen Weisungen zu folgen. Manchmal geht es bis an den Rand des Erträglichen, aber immer ist Gott größer. So erlebt es auch Ernst Tanner mit seiner ganzen Familie.

Mir ist es ein Vorrecht, an dieser bewegenden Geschichte Anteil zu nehmen. Von Herzen wünsche ich jedem Leser, aus diesem Buch neue Inspiration für sein persönliches Vertrauen in einen lebendigen, gegenwärtigen und wirksamen Gott zu schöpfen.

Erich Theis

1. Teil

Kapitel 1

Der große Bruder

Der Sommer lag schwer in den Gassen der großen Industriestadt. Der Straßenbelag war unter der Sonnenglut weich geworden und flimmerte gegen den glühenden, wolkenlosen Himmel.

Erleichtert atmete Jack die kühle Luft ein, die ihn im Schatten der ersten Bäume wie ein Gruß aus dem tiefen Wald empfing. Eine Weile blieb er stehen, um zu genießen. Hier war er zu Hause. Er kannte jeden Strauch, jeden Baum. Es waren seine Bäume, seine Sträucher, sie gehörten zu seinem Revier. Auf seinen Streifzügen hatte er schon manches Tier überrascht. Die vierbeinigen Freunde aus nächster Nähe zu beobachten, war für ihn höchste Belohnung.

Die Stille des Waldes umgab ihn mit einer zauberhaften Ruhe. Dennoch lag eine Spannung in dieser Stille . . .

Heute schien der Wald jedoch besonders still. Ob es an der großen Hitze lag? Plötzlich stand er aufmerksam und horchte in den Wald hinein. Waren das nicht Rufe? Wieder Stille. Dann ein Rufen aus östlicher Richtung. Spannung durchfuhr seinen ganzen Leib; leicht wie eine Feder jagte er zwischen Bäumen und Sträuchern voran.

Wieder hörte er das ferne Rufen. Das waren doch Hilferufe einer Kinderstimme! Wilde Gedanken rasten durch seinen Kopf. Wieder hörte er das unterdrückte Schreien. Nun flog er beinahe über den Waldboden, um jedes Geräusch zu vermeiden. Er hörte noch andere Stimmen. Ein weinendes Kind, noch eins, eine lachende Männerstimme ... Was konnte das sein?

Während er sich behutsam von Deckung zu Deckung schlich, wurden die Stimmen lauter. Wehklagen und Lachen, dazwischen herrische Befehle.

Jack warf sich auf den Boden und kroch vorsichtig näher. Meter um Meter kroch er wie eine Schlange durchs Laub. Er atmete kaum, um nicht gehört zu werden und um die Stimmen besser verstehen zu können. Das Weinen wurde lauter, auch das höhnische Lachen.

Endlich erkannte er eine Gestalt am oberen Teil des Waldrandes. Ein großer Junge kniete auf der Wiese und beschäftigte sich mit etwas oder jemandem. Eine kleine Bodenwelle versperrte Jack die Sicht. Nach ein paar Zentimetern hatte er es geschafft. Er hob langsam den Kopf. Was er sah, verschlug ihm den Atem. Eine ganze Schar großer und kleiner Jungen knieten über gefesselten Kindern und „folterten“ ihre weinenden, dreckverschmierten Opfer.

Weiter unten im Tal weideten Kühe. „Das sind doch die Kühe unseres Nachbarn“, durchfuhr es Jack. Mit einem Schlag war ihm alles klar: Die Nachbarskinder waren mit dem Knecht und dem Vieh auf die Weide gezogen, um den schulfreien Nachmittag zu verbringen. Die „Städter“, eine Gruppe junger Burschen, die mit Jack seit langem auf Kriegsfuß standen, hatten die Kinder überfallen und gefesselt. Der junge Hirte stand hilflos und sprachlos abseits.

Plötzlich hörte Jack Schreie hinter sich. Er sprang auf die Füße und sah sich von einer Gruppe „Soldaten“ umringt. Sie waren alle mit Knüppeln, Steinschleudern und Stricken bewaffnet.

Vom Anblick der Kinder gefangen, hatte Jack die Zelte auf der gegenüberliegenden Seite des Tales nicht bemerkt. Von dort aus hatten sich die Wächter unbemerkt von hinten angeschlichen.

Jetzt ließen auch die anderen ihre Opfer liegen und eilten

herbei. Ein paar Sekunden lang stand Jack ratlos, von drohenden Stecken und Peitschen umringt, da. Noch wagte es keiner, ihn anzugreifen, denn Jack war wesentlich größer, wenn auch kaum älter als der größte unter ihnen.

Plötzlich drehte sich Jack dem Wald zu, legte seine Finger an den Mund und pfiff aus Leibeskräften. Alle Köpfe drehten sich in jene Richtung, um zu sehen, wem der Pfiff gegolten hatte. Mit einem kräftigen Satz sprang Jack aus dem Ring seiner Feinde und machte sich mit solchem Tempo davon, daß die Kerle gar nicht versuchten, ihn zu verfolgen.

Atemlos und verschwitzt erreichte er sein Zuhause und rief sofort seinen jüngeren Bruder Ent in den Keller. Während er mit dem Beil das eine Ende einer Holzschwarte zu einem Handgriff rundete, erzählte er atemlos sein Erlebnis und griff nach einer zweiten Schwarte für seinen Bruder. Jack kochte vor Wut und Verachtung über diese Bengel. Halb aus Rachelust, halb aus Befreiungsdrang für die Nachbarskinder sausten sie zum nahen Wald davon.

Es schien, als würden die Bäume vor ihnen fliehen. Mit jedem Sprung wuchs die Spannung, und in ein paar Minuten hatten sie das Gebiet erreicht. Sie standen still in Deckung und lauschten. Ab und zu hörte man einen Schrei.

Das Gebiet war unbewacht, niemand hatte also Jacks Rückkehr erwartet. Um diesmal nicht vom gegenüberliegenden Zeltlager erspäht zu werden, krochen die beiden von Baum zu Baum, von Deckung zu Deckung, bis sie sich unbemerkt auf ein paar Meter herangepirscht hatten. Es mußten 10 bis 15 Jungen sein, also eine beträchtliche Übermacht.

Jack und Ent schauten sich wortlos in die Augen, dann folgte ein fester, feierlicher Händedruck — und mit Mordiogebrüll stürzten sie sich auf die Peiniger. Das geschah so schnell, daß der größte von ihnen, scheinbar der Anführer, keine Zeit mehr hatte, sich zu erheben. Mit ausgestreckten Armen flog Jack ihm an den Hals und warf ihn zu Boden.

Nummer zwei wurde gleich mitgerissen, und Ent machte die Fortsetzung mit Nummer drei. Im Nu war Jack wieder auf den Beinen und setzte hinter den Kerlen her, die ihre Opfer fluchtartig liegen ließen.

Inzwischen konnte Ent zwei der Kinder losbinden, die sofort den anderen behilflich waren. Alle rannten hinter Jack und Ent den Berg hinunter.

Die ersten Fliehenden hatten bereits die Straße unterhalb der Wiese erreicht, während die letzten sich mit Müh und Not auf den Beinen halten und davonlaufen konnten.

Von Schrecken gepackt, räumten die Wächter die Zelte zusammen und flüchteten zur Straße. Dort versammelten sich alle und merkten jetzt erst, daß es nur zwei Tannerbuben waren, vor denen sie davongelaufen waren. Welch jämmerliche Blamage! Sie ballten die Fäuste und schrien, Jack solle herunterkommen. Dazu hatten Jack und Ent freilich keine Lust mehr. Sie stimmten ein Siegesgebrüll an, und ihre kleinen Freunde sangen kräftig mit.

Mit stolzgeschwellter Brust zogen Jack und Ent gemeinsam mit den Nachbarskindern ins Dorf ein und erzählten ihren Kameraden begeistert von ihrem unglaublichen Abenteuer.

Kapitel 2

„Du kommst am dritten Tag wieder heim . . .“

Ernst (Ent) und Jakob (Jack) waren die beiden jüngsten der vier Söhne der Familie Tanner, die an der Breitestraße in Winterthur wohnte. Vater Tanner, ein ruhiger, fleißiger Beamter der Unfall-Versicherung, wohnte mit seiner Frau Rosa in einem Reihen-Einfamilienhaus. Er hatte ein gutes Herz und nahm stets lebhaft Anteil an der Not seiner Mitmenschen. Gerade diese Tugend brachte seine Familie in große Schwierigkeiten. Ein Bekannter, an den Ernst sich nur noch als den „Gisler“ erinnerte, verstand es, sich in der Familie einzunisten. Mit großem Aufwand legte er dem gutgläubigen Vater seine Probleme dar und sog aus der Familie Monat um Monat beträchtliche Finanzen. Während Vater Tanner fleißig arbeitete, aß sich Gisler in dessen Küche satt und drohte dem kleinen Ernst: „Wenn du mich verrätst, schlag ich dir den Kopp bis schwolle . . .“

Dieser Gisler war eine traurige Belastung für die ganze Familie, und die Kinder litten sehr darunter. Die älteren suchten so bald wie möglich ihre eigenen Wege, und als für Ernst die Schulzeit dem Ende entgegenging, schweiften seine Gedanken und Träume immer mehr in die Ferne.

In seiner Freizeit suchte er sich heimlich einen Job als Laufbursche eines Haushaltgeschäftes. Kleingewachsen, wie er noch als 14jähriger war, fuhr er mit einem hohen, schweren Fahrrad durch die Stadt und brachte den Kunden die oft recht großen Pakete. Eines Tages fragte ihn ein Mann, der vor dem Geschäft ein neues Gerät vorführte: „Na, junger Mann, noch so klein und schon so fleißig? Hast wohl viel im Sinn?" Etwas überrascht gab Ernst sein Geheimnis preis: „Ich möchte gerne ins Welschland und dort eine Arbeit suchen. Deshalb brauche ich Geld für die Reise." — „Aha!" Der Verkäufer überlegte einen Moment, strich sich ein paarmal übers Kinn und schaute den Jungen nochmals von oben bis unten an. „Na", sagte er endlich, „was willst du denn machen im Welschland? Möchtest du in einem Hotel arbeiten?"

Hotel? Das war für Ernst ein ziemlich unbekannter Begriff. Er war noch nie in einem Hotel gewesen. Sein Vater hielt nichts von der noblen Gesellschaft. Am Sonntag hieß es Gottesdienst, Wandern, Picknick und in den Ferien mal zur Großmutter fahren. Ein Hotel also? Und dort arbeiten? Warum nicht? „Ja", erwiderte Ernst schnell, „das möchte ich gern."

Als er in der folgenden Woche wieder mit dem großen Fahrrad ankam, reichte ihm der Verkäufer einen Zettel mit einer Adresse eines Hotels. Es war ein denkwürdiger Tag.

Der Zettel in seiner Tasche war ein Schritt seinem Ziel entgegen: fort von zu Hause, von Gisler mit seinen Drohungen und . . . Ja, noch etwas trieb ihn fort: ein riesengroßes, graues Gebäude mit einem Eingang, der einen einfach verschluckte, mit einem Treppenhaus, das viele Menschen hinauf- und hinunterjagte, mit unzähligen Büros, die nichts als Zahlen hervorbrachten. Es war das Gebäude der Unfall-Versicherung, in dem er schon einige Male mit seinem Vater gewesen war. Ihm graute vor diesen Mauern. Er ahnte die Pläne seines Vaters, der seinen Jüngsten gerne in seinen Fußstapfen gesehen hätte.

Er griff in seine Hosentasche. Er war noch da — der Zettel, der ihm eine Welt auftun würde. Und schon auf dem Heimweg fing er an zu träumen.

Das zweite Sekundarschuljahr ging langsam zu Ende; der Frühling kam nach Winterthur. Eines Abends war die Tannerfamilie in der Stube versammelt. Die Brüder sprachen lebhaft über Schulaustritt, Beruf, Erwartungen und Möglichkeiten. Der Vater, über ein Buch gebeugt, hörte mit einem Ohr zu. Plötzlich vernahm er Ernsts Stimme: „Ich gehe ins Welschland und arbeite dort." — „Was willst du, kleiner Bengel?" mischte sich der Vater ins Gespräch, „ins Welschland willst du? Geh du nur, aber von mir bekommst du keinen Rappen. Da kannst du machen, was du willst." Lachend entgegnete der Spitzbub: „Gut, Vater, ich nehme dich beim Wort. Ich mache, was ich will, und das Geld habe ich auch schon für die Reise." Als der Vater dann noch erfuhr, daß die Adresse auf dem Zettel die eines Hotels war und daß sein Sohn dort arbeiten wollte, da fuhr es ihm doch heiß und kalt über den Rücken, und er wußte nicht, ob er zornig oder traurig sein sollte. Er faßte sich aber schnell und tröstete sich mit den Worten: „Du wirst schon sehen, was ein Hotel ist, und unter Garantie kommst du am dritten Tag wieder heim!"

Das hätte Vater Tanner nicht sagen sollen! An diese Worte mußte Ernst während der nächsten Jahre oft denken. Jedesmal, wenn ihm die Tränen kamen, jedesmal, wenn er mit seinem Schulfranzösisch nicht mehr weiter wußte, jedesmal, wenn ihn sein Chef anbrüllte, jedesmal, wenn er wieder am zu hohen Abwaschtrog stand, jedesmal, wenn er spätabends todmüde ins Bett sank — dann biß er die Zähne zusammen und sagte sich: „Nein, um keinen Preis gebe ich auf und fahre heim, niemals!"

Er blieb in La Chaux-de-Fonds. Er meldete sich zum Konfirmandenunterricht und ließ sich freiwillig konfirmieren. Er strich sich über die Brust und fühlte sich sehr gut! Er arbeitete im Hotel „Fleur de Lys" und war ein treuer Besucher der wenigen Kinos der Stadt. Es war eine harte Zeit — Kriegszeit. Das Brot war rationiert. Der Chef brauchte es für die Gäste, nicht für die Lehrbuben. Oft dachte er an die

Butterbrote, die Gisler ihm zu Hause in der Küche vor der Nase weggeschnappt hatte. Wie er ihm die mißgönnte!

Dreimal erlebte er den Frühling im Jura. Er liebte diese Jahreszeit. Wenn er wußte, daß auf den weiten Wiesen die Osterglocken blühten, wartete er ungeduldiger denn je auf den freien Tag, wanderte über diese goldgelben Blumenfelder und pflückte so viele davon, wie seine beiden Hände nur fassen konnten. Jedes Glas, jede Konservenbüchse füllte er mit einem Strauß und dekorierte Tisch, Fenstersims, Boden und Treppe seines armseligen Zimmers.

Dann folgten seine Lehr- und Wanderjahre. Er zog von Hotel zu Hotel, durch große, berühmte Häuser und kleine, geizige Spelunken, kreuz und quer durch die Schweiz. Sein Interesse galt immer den Menschen um ihn her, den Mitarbeitern, Vorgesetzten und Gästen. Er beobachtete sie, forschte neugierig, wie sie sich in bestimmten Situationen verhielten, machte sich ein Bild von ihnen und ordnete jeden in eine seiner Kategorien ein. Da gab es Großzügige, Freundliche, Schmeichler, Heuchler, Verschlossene, Redselige, Hinterlistige, Dumme und Schlaue.

Während einer Saisonstelle im „Schweizerhof" in Bern besuchte er eine Kunstausstellung. Die Bilder von Tizian beeindruckten ihn so stark, daß er sich kurzentschlossen Pinsel, Farbe und Leinwand kaufte und zu malen begann. Auch dieser Tag gehört zu den denkwürdigen in seinem Leben. Bern bot außerdem viel in künstlerischer Hinsicht. In der Gewerbeschule gab es Kurse für lernbegierige Hobbymaler. Das war etwas für Ernst! Doch die Arbeit im „Schweizerhof" ging zu Ende, und damit vorläufig auch seine Künstlerlaufbahn.

Kapitel 3

Fannys Traum

Wie sein Weg weiterging, werden wir später erfahren. Wir treffen ihn wieder als Lehrer in der Bibelschule Hotel Rosat, Chateau d'Oex. Man schreibt das Jahr 1955. Aus dem schüchternen, in sich gekehrten Jungen war ein vor Begeisterung sprühender, mitreißender Lehrer und Redner geworden. Er dirigierte den Schülerchor, ging auf Straßen und Plätze und lud viele ein, dem Herrn Jesus nachzufolgen. Er predigte in den umliegenden Gemeinden und holte die Gläubigen mit einem Kleinbus zu Konferenzen nach Chateau d'Oex ab. In einem dieser Gottesdienste saß eine junge Lehrerin, Hedi, die andächtig zuhörte und irgendwo in einem Herzenswinkel für einen kurzen Augenblick einen unpassenden Gedanken bewegte: „Wie schön wäre es, seine Frau zu sein." Wenn er es nur geahnt hätte ...

Auf seinen Reisen, die Ernst auch nach Süddeutschland führten, traf er viele Familien mit Kindern an. Für diese Kinder schlug sein Herz besonders. Zusammen mit einer deutschen Frau, Fanny, die ebenfalls in der Bibelschule beschäftigt war, beschloß er, eine Kinderfreizeit zu organisieren. In Bad Dürrheim öffnete sich eine einmalige Gelegenheit. Ein altes Kurhaus, schon jahrelang außer Betrieb, zeitweise von Militär, zeitweise von Flüchtlingen belegt, stand zur Zeit leer. Es lag ganz ideal im Zentrum und hatte einen prächtigen, verwahrlosten Park zum Spielen. Ohne viele Schwierigkeiten bekam Fanny die Erlaubnis, darin eine Freizeit durchzuführen. Die Probleme begannen erst, als das Innere des vierstöckigen Hauses inspiziert wurde. Da mußten Böden geschrubbt, Zimmer gekehrt, WC's entstopft, Leitungen repariert und Schlafgelegenheiten geschaffen werden. Für die große, leere Hotelküche wurde ein Kochherd herangeschleppt, Tische und Bänke von der Brauerei für den großen Eßraum, mit Stroh wurden in den leeren Räumen Lagerstätten ausgelegt. Es sollten etwa 40 Kinder kommen, die meisten aus kinderreichen, mittellosen Familien. Fanny wollte für die Kinder kochen. Wichtig war nun noch, Helfer für die Betreuung der Kinder zu finden. Ernst meinte, eine Lehrerin würde sich bestimmt gut eignen, und außerdem hätte sie ja Ferien. Er sollte recht behalten. Sie sagte zu. Mit großem Eifer wurden die weiteren Vorbereitungen getroffen. Zu dritt fuhren sie weite Strecken in ihrem alten Borgward und sammelten (sprich erbettelten) Naturalgaben wie Kartoffeln, Eier, Speck, Gemüse und vieles mehr.

Eines Morgens holte Ernst die beiden Frauen in Fannys Wohnung ab. „Heute nacht hatte ich einen Traum“, begrüßte Fanny den Eintretenden. „Ich habe von dir geträumt!“ — „Na, wenn das nichts ist! Haben wir vielleicht geheiratet?“ — „Nein, setz dich mal her! Es war aufregend. Genau so hast du gesessen, gerade so an einem Tisch. Und was tatest du da? Was glaubst du? Geld zählen! Viel Geld. Kein Kleingeld, nein, Geldscheine. Große Geldscheine! Du machtest viele Stapel mit den Geldscheinen. Das war der Traum.“ — „Phantastisch!“ rief Ernst. „Wo war das?“ — „Ich weiß es nicht“, antwortete Fanny.

Wenn in den folgenden Tagen das Geld knapp war, lachte Ernst nur: „Wo war das doch gleich im Traum?“ Wenn eine Bauersfrau keine Kartoffeln hatte und ihnen einen Fünfmarkschein schenkte, schmunzelte er wieder: „Genau wie im Traum!“ Nie und nimmer hätte einer von ihnen geglaubt, daß Ernst fünfundzwanzig Jahre später tatsächlich viele, viele Geldscheine hinblättern würde, um einen Helikopter für die Mission zu bezahlen . . .

Endlich kam der Anreisetag. Die Eingangspforte war mit einer Willkommenstafel geschmückt, in den Fenstern hingen kleine Fahnen, liebe Schwestern waren bereit, die Kleinsten zu bemuttern. Eine fürstliche Atmosphäre verzauberte die moderigen Räume, und das Gelächter und Geschrei der Kinder ließ alle Mängel übersehen. An einem besonders warmen Abend versammelten sich alle draußen im Garten. Als Überraschung malte „Onkel" Ernst ein Bild vor den Augen der andächtigen Zuschauer. Viele Dorfbewohner und sogar der Bürgermeister hatten sich hinzugesellt. Alles war sehr geheimnisvoll. Endlich konnte man auf der großen, beleuchteten Leinwand erkennen, was das Bild darstellen sollte: steile Felswände, an deren Rand ein kleines Schaf kauerte, und große Vögel kreisten über dem Tal. Langsam wurde das Licht dunkler und — oh Wunder — was kam da zum Vorschein? In fluoreszierenden Farben leuchtete die Gestalt eines Hirten auf, der die Hand nach dem Schäfchen ausstreckte, um es zu retten.

Aus der andächtigen, gespannten Bewunderung entstand ein beglücktes: „Oh wie schön!" Doch was war das? Große Tropfen klatschten plötzlich herab. Niemand hatte die drohenden Wolken kommen sehen. Schnell ins Haus! Einer nach dem anderen zog die Jacke über den Kopf und rannte unter das schützende Dach. Nur Ernst blieb mit seinem Bild zurück. Schnell wickelte er die elektrischen Kabel auf, deckte notdürftig die wichtigsten Kreiden ab und schaute hilfesuchend zum Haus hinüber. Da war ja noch jemand, der mit Brettern und Decken hantierte — die Lehrerin! Der dichte Regen verwandelte sich in prasselnde Hagelkörner, und es rauschte mächtig. Schnell hob Ernst einen Stuhl hoch und hielt ihn schützend über sich und die treue Helferin. Ganz nah mußte er sich zu ihr stellen . . . Als er sie so anschaute und ringsum alles prasselte, donnerte und blitzte, da lachten beide über die urkomische Situation, und er küßte sie, während er mit beiden Händen den Stuhl in die Höhe hielt. Wie gut, daß es ringsum stürmte, so konnte er wenigstens ihr

Herz nicht klopfen hören. „Es ist zu wunderbar", dachte sie, „ein solcher Sturm draußen und drinnen!" Das Gewitter verschwand, wie es gekommen war. Die Helferinnen kamen zurück und trugen die nassen Geräte ins Haus. Ernst und Hedi schauten einander nochmals an. Ihre Blicke sagten: „Es hat so sein müssen, es war gut so."

Es war nicht die letzte Freizeit, die sie miteinander leiteten. Viele Kinderlager, viele Freudensprünge und Kindertränen erlebten sie gemeinsam. Noch Jahre später durften sie hören: „Das haben wir damals im Kinderlager gelernt . . ." Sind das nicht bleibende Früchte?

Hedi Dettwiler, die Lehrerin von Dachsen am Rheinfall, kehrte in ihre Heimat zurück, und Ernst Tanner fuhr wieder zu seinen Bibelschülern in Chateau d'Oex. Dies konnte aber nicht seine Heimat sein. Das spürte er deutlich. Es zog ihn weiter . . . Er fand einen neuen Wirkungskreis in Offenburg, wo er eine freikirchliche Gemeinde gründete. Von dort aus versorgte er später allwöchentlich verschiedene kleine Gemeinden, die seinen frohen, erbauenden Dienst sehr schätzten. Seine Lehrerin hatte er nicht vergessen, obwohl er sie selten besuchen konnte.

Zwei Jahre später feierten sie in der Gemeinde Aldingen bei Tuttlingen ein großes, fröhliches Hochzeitsfest. Von überall waren Gäste gekommen, sogar ein Autobus voller Schüler aus der Schweiz fehlte nicht.

„Du willst eine Predigersfrau werden?" fragte eine betagte Schwester die Braut. „Weißt du auch, was das bedeutet?" — „Naja, ich stelle es mir halt vor", antwortete sie etwas zaghaft. — „Du mußt allein sein können. Kannst du das?" — „Ich werde es können — mit Gottes Hilfe", fügte sie nachdenklich hinzu. Es war ein merkwürdiges Gespräch. Sie hat es nie vergessen. Man schrieb den 13. Oktober 1957.

Kapitel 4

„Was kostet diese Wiese?"

Hedi und Ernie — seine amerikanischen Freunde nannten ihn so, und Hedi liebte ihn so — wohnten zusammen in einer winzigen Dachwohnung. Ein Stübchen mit einem Öfchen, einer Bettcouch, einem Tischchen, zwei Sesseln, zwischen denen man sich knapp durchschlängeln konnte, ein Schlafzimmer mit zwei Betten und einem Schrank, eine Küche unterm Dach, abgeschrägt von oben bis unten — das war ihr trautes Heim. Die Bewohner von Dachsen waren überrascht. Sie hatten gewettet, daß ihre fromm gewordene Lehrerin gewiß nie heiraten werde. Nun — sie hatten sich getäuscht!

Nach der Geburt ihres ersten Kindes zog die kleine Familie nach St. Georgen im Schwarzwald. Die junge Mutter sorgte sich furchtbar, daß der Umzug dem kleinen Kerlchen schaden könnte. Am neuen Wohnort erwartete sie aber eine freundliche Vermieterin, die ihr mit Rat und Tat zur Seite stand, so daß sie sich in der neuen Umgebung und auch im neuen Land bald sehr wohl fühlte.

Die Arbeit mit Kindern und Jugendlichen lag ihnen nach wie vor auf dem Herzen. Gleich fingen sie an, nach Möglichkeiten zu suchen, die zigeunerhaften Freizeiten in zivilisiertere Bahnen zu lenken, also eine ständige Freizeitstätte zu suchen. Nach vielen Enttäuschungen gelang es, einen abgelegenen Bauernhof zu kaufen, an einem Berghang gelegen, mit Aussicht auf ein typisches Schwarzwaldtal. Ein herrlicher Wald voller Heidelbeeren erstreckte sich hinter dem Haus. Es war ein traumhaftes Plätzchen. Leider gab es aber ein überaus unangenehmes Erwachen aus dem schönen Traum ... Nachdem Ernst im Schweiße seines Angesichts und mit zähem Einsatz vieler Jugendlicher eine neue Wasserleitung mit Reservoir sowie die Zufahrtsstraße ausgebaut hatte, bekam er Nachricht vom Landwirtschaftsamt, daß der Vertrag für ungültig erklärt und die Kaufsumme zurückgezahlt werde. Ernst war eben kein Landwirt; deshalb entsprach der Kaufvertrag nicht den gesetzlichen Bestimmungen des Amtes. War das nicht Gottes Wink mit dem Zaunpfahl, wieder in die Schweiz zurückzukehren und dort eine Jugendarbeit zu beginnen?

Es war im Jahr 1963. Die Familie Tanner, die inzwischen auf fünf Köpfe angewachsen war, zog wieder ins Appenzellerland, in ein echtes, hundert- oder zweihundertjähriges Appenzellerhüsli. Ernst Tanner schreibt darüber:

„Da wir innerlich die Gewißheit bekamen, wieder in die Schweiz zu ziehen, setzten Hedi und ich uns mit einer Liegenschaftsvermittlung in Verbindung. Wir bekamen eine ganze Reihe von Angeboten. Vom Jura übers Bernbiet durchs Seeland und Zürcher Oberland besichtigten wir große und kleine Häuser. Die einen waren zu teuer, die anderen zu groß, die dritten zu schattig. Wir kamen zu keinem Entschluß und standen wieder im Büro in Zürich. ‚Hier wäre noch ein kleines Höckli im Appenzellerland!‘ Der Vertreter legte uns noch ein Papier vor. Aber ich winkte ab: ‚Ins Appenzellerland, zu den Kurpfuschern, auf keinen Fall!‘ — ‚Aber Herr Tanner, es gibt dort auch noch andere Leute, zum Beispiel auch das Pestalozzi-Kinderdorf. Wer weiß, ob es Ihnen dort nicht auch gefallen könnte ...!‘ — ‚Was meinst du, Hedi, ob wir das Objekt noch besichtigen sollten, damit wir wenigstens wissen, daß es nicht das Richtige ist?‘ — ‚Es ist vielleicht eine Reise wert‘, strahlte meine Frau mich an. So fuhren wir hin. Ein holländischer Landesrichter wollte das Haus an einen Künstler oder Idealisten verkaufen, weil seine Frau und er älter und der Weg ins Dorf beschwerlicher geworden war. Das Häuschen stand etwas abseits der Straße, inmitten einer Wiese, nur durch einen schmalen Wiesenweg erreichbar. Es stand leer, fein säuberlich gereinigt, altes, währschaftes Holz, gestrickte Wände (also Balken auf Balken gelegt), die verschiedenen Zimmertüren mit allerlei antiken Beschlägen versehen. Wir wanderten von einem Zimmer zum andern, bückten uns eins übers andere Mal, standen zuletzt in der Stube, wo hinter dem braunen Kachelofen ein echtes Appenzeller Ofenbänkli eingebaut war. Die vier Schiebefensterchen schauten nach Süden auf eine ebene Wiese und weiter den Nordhang hinauf. ‚Laß es mich wissen, Herr!' betete ich im stillen. Dann drehte ich mich zu dem Holländer um: ‚Ich glaube, es ist das richtige Haus. Wollen Sie's uns verkaufen?' Im Café Ruckstuhl einigten wir uns dann, und ich habe es bis heute nicht bereut. Eine Hypothek konnten wir übernehmen, und die restlichen Franken hatten wir zusammengespart. Ich betrachtete es als ein Geschenk Gottes."

Die acht zum Teil sehr kleinen Zimmer waren nun nicht gerade für Kinderfreizeiten geeignet. So begann Ernst gleich, Baupläne zu schmieden. In den folgenden fünf Jahren realisierten sich diese Pläne Stück um Stück. Ernst betete, plante, baute. Der Nachbar jenseits der Straße, der ihm von seinem Land immer ein Stückchen mehr verkaufte, schaute ganz erstaunt drein. Einmal, als Ernst ihn auf der Wiese traf, meinte er beiläufig: „Ja, Tanner, ihr hönd's jo äfach, ihr bättet no ond dänn hönder's. Meer mönd für alles chrampfe!" (... ihr habt es ja einfach, ihr betet und dann habt ihr's. Wir müssen für alles schaffen!) Er hatte nicht ganz unrecht, aber „chrampfe", das tat Ernst auch neben dem Beten.

Eines Nachmittags zum Beispiel saß er in seinem Wohnzimmer. Sein Blick ging langsam hinaus, streifte den Holzzaun, der keine zwanzig Meter vor dem Haus den Rasen einschloß, dann schaute er weiter bis zur Straße. Und während er schaute, nahm er das Land ein. „Hedi, ich glaube, wir sollten jenes Stück hinter dem Zaun kaufen, das wäre eine schöne Spielwiese für die Kinderfreizeit." „Die Wiese wäre schön, aber was wird sie kosten? Du weißt doch . . ." Das war typisch. Für Ernst war Geld kein Problem, aber Hedi rechnete immer schon im voraus. Ernst ging zum Nachbarn. Das Land wurde vermessen und der Preis verhandelt. Als die Rechnung kam, schlug Hedi die Hände über dem Kopf zusammen. „Du liebe Zeit, das können wir nie und nimmer bezahlen, so viele Quadratmeter. Laß mal sehen, das ist doch auch die Gesamtfläche und nicht die Fläche von der neuen Wiese." „Das muß ich sofort klären", sagte Ernst. „Gleich telefoniere ich mit dem Grundbuchamt." Er nahm die Sache nicht so ernst. Nach dem Telefonat beruhigte er seine Frau und erklärte, daß alles nachgeprüft und in den nächsten Tagen eine Bestätigung der Fläche kommen werde. Unterdessen hatte Gott aber auch gerechnet. Am folgenden Tag bekam Ernst einen Brief von seinem älteren Bruder mit der Nachricht, daß das väterliche Haus in Winterthur verkauft und das Erbe an die vier Brüder verteilt würde. Ernst bekam 10 070 Franken. Er freute sich und meinte glücklich: „Wie findest du das, Hedi? Ist das nicht eine liebevolle Vorsorge unseres Herrn? Das ist gerade die Anzahlung für den Landkauf." Und als dann in den nächsten Tagen die korrigierte Quadratmeterzahl eintraf, ergab sich für die Wiese ein Preis von 10 080 Franken. Nun mußte auch Hedi einsehen, welch einen guten Gott sie hatten. Sie weinte vor Staunen!

Die evangelistischen Dienste, die Ernst in der Schweiz, in Deutschland, Österreich, Ungarn und Jugoslawien tat, waren gesegnet. Überall lud er Kinder ein, im Sommer ins Appenzellerland zu kommen. Und sie kamen . . . Für diese Kinder baute Ernst zuerst eine Zufahrtsstraße, dann Waschräume und Toiletten, einen Versammlungsraum, einen Abstellraum und später noch Zimmer oben drauf.

Aber anfangen mußte er bei den Fundamenten.

„Heute", sagte er eines Tages, „lassen wir den Beton kommen! Jetzt wird betoniert." Einige Freunde, Hedi, Maria und Carmen standen startbereit. Da brummte schon der schwere Lastwagen heran und kippte seine Last auf den Platz. „Um wieviel Uhr wollen Sie die nächste Ladung haben?" fragte der Fahrer. Alle blickten einander an, dann den Haufen, zuletzt den Fahrer. Niemand hatte eine Ahnung, wie lange es dauern würde, um den Beton zu verarbeiten. „Um elf Uhr", entschied Ernst schließlich und glaubte fest, es bis dahin geschafft zu haben. Jetzt wurde geschaufelt, Schubkarre um Schubkarre eingefüllt und festgestampft. Nach einer kurzen Rast ging es weiter. „Dä Beton chunt!" rief plötzlich jemand. Richtig, schon brummte der Lastwagen heran und bescherte eine zweite Ladung. Die erste war gerade verarbeitet. Emsig wurde weitergeschaufelt, ein wenig langsamer und mit mehreren Pausen. Jeder zeigte dem anderen die Blasen und Schwielen, einer stöhnte über den Rücken, ein anderer über die Füße, die Frauen hatten schwere Arme ... Aber alle lachten und gingen vergnügt wieder an die Arbeit. „Dä Beton chunt!" hörte man kurze Zeit später. Wo? Es war nur ein Spaßvogel, der gerufen hatte. „Dä Beton chunt!" Schon wieder? Da lag doch noch ein Teil der letzten Ladung. Jetzt ging ein Wetteifern los. Bis zum Abend sollte noch eine Ladung kommen, und alles mußte verarbeitet sein. „Dä Beton chunt, dä Beton chunt!" Die Kinder riefen es, um die Arbeiter anzufeuern. Jeder schaufelte aus Leibeskräften. Stützte sich Maria einmal aufatmend auf den Schaufelstiel, spottete Carmen: „Dä Beton chunt!"

Vor dem Nachtessen verabschiedeten sich die drei Männer. Hedi brachte die Kinder zu Bett. Als es dämmerte, war immer noch ein Häufchen Beton übrig. Mit letzten Kräften schafften Ernst und die drei Frauen den Rest in die Fundamente, reinigten die Werkzeuge und setzten sich erschöpft auf die Bank vor dem Haus. Es war dunkel geworden. „Und jetzt, meine Lieben . . ." — es war Ernst, der einfach unergründliche Kraftquellen besaß, „... jetzt fahren wir in den ‚Sternen' und lassen uns etwas Gutes servieren. Das haben wir verdient!" Es wurde eine großartige Mahlzeit.

Kapitel 5

Der Anfang aller Weisheit

Während der Jahre, die sie nun verheiratet war, hatte Hedi Gelegenheit gehabt, eine gute Tugend zu lernen: das Warten. Wenn Ernst versprach, am Donnerstag heimzukommen, schaute sie schon frühmorgens durchs Fenster, ob der Wagen wohl bald um die nächste Biegung kurvte. „Nein“, beschwichtigte sie sich selbst, „es ist unmöglich; so früh kann er nicht da sein.“ — „Papa kommt heute“, erzählte sie ihren Mädchen beim Zöpfeflechten. „Kommt er zum Mittagessen?“ wollte Immanuel wissen. Er war der Älteste und kannte sich mit der Uhr schon recht gut aus. Es war ein hoffnungsvolles, schönes Warten. Doch am Mittagstisch blieb ein Platz leer. „Er hat sicher jemanden getroffen, dem er noch etwas vom Heiland erzählen muß“, überlegte der Junge. „Er wird kommen, wenn wir vom Mittagsschlaf aufwachen, dann ist er auf einmal da!“ Neugierig erschien ein verschlafenes Gesicht nach dem andern wieder: „Ist er da?“ — „Nein. Bestimmt war viel Verkehr. Er wird bald kommen.“ Und wieder blickte Hedi zur Straße. Das Warten wurde langsam schwieriger. Es galt, gegen allerlei ängstliche Gedanken anzukämpfen. Es könnte ja . . . Der Strickstrumpf wuchs, die Kinder spielten — Ernst kam nicht. Das Abendbrot war vorbei, die Kinder beteten im Bett für ihren Papa. Die Mutti saß am Fenster. Endlich erkannte sie die Lichter. Der Wagen bog in den Hof ein. Herzlich schloß

Ernst seine Frau in die Arme: „Hast viel stricken müssen heute?" fragte er lachend. „Dafür habe ich dir etwas Schönes mitgebracht." Und dann packten sie zusammen den Kofferraum aus: Äpfel, Blumen, ein selbstgebackenes Brot, Eier. Die drei Kinder standen in der Tür und staunten. „Papa ist wie ein Weihnachtsmann. Erst muß man lange warten, und wenn er kommt, bringt er viel Gutes mit."

Als die Kinder im Bett waren, erzählte Ernst seiner Frau, warum er später als geplant heimgekommen war. Wie schon oft hatte er auch heute Anhalter mitgenommen, drei junge Männer. Er ließ sie auf dem Rücksitz Platz nehmen, neben ihm lagen Karten, Briefe und sein Frühstücksbrot. Es waren drei Studenten, die in die Schweiz wollten, in die Ferien. Nun, dachte er, ich werde mich ein wenig mit ihnen unterhalten. „Also", fing er an und schaute in den Rückspiegel, „ihr studiert also an der Universität. Da wird man doch sehr gescheit. Da könnt ihr mir sicher eine Frage beantworten: Welches ist der Anfang aller Weisheit?" Er sprach absichtlich langsam, um ihnen Zeit zum Überlegen zu geben. Erst Schweigen, dann ein Räuspern: „. . . nicht einfach, mal überlegen, der Anfang . . . Er half ihnen aus der Verlegenheit. „Die Bibel sagt: Die Furcht des Herrn ist der Anfang aller Weisheit. Und damit ihr seht, daß dies wahr ist, will ich es euch beweisen. Was studiert ihr denn?" — „Medizin, Jura, Theologie." Er überlegte kurz. Es war bestimmt nicht leicht, aber er fühlte, daß Gott zu diesen jungen Menschen reden wollte. Während er ganz automatisch auf den Verkehr achtete, wandte er sich an den ersten: „Sie studieren also Medizin. Gott sagt in seinem Wort, daß er der Herr, unser Arzt, ist. Wenn dieser Arzt Ihr Leben bestimmen kann und Sie ihn in Ihr Herz aufnehmen, dann — und nur dann — werden Sie ein ganz ausgezeichneter Arzt werden. — Und Sie . . ." er blickte im Rückspiegel den mittleren an, „. . . Sie studieren das Recht? Der König Salomo ist als der weiseste Richter in die Geschichte eingegangen. Und der sagte: ‚Gottesspruch ist auf des Königs Lippen; beim Rechtsprechen verfehlt sich sein Mund nicht‘ (Spr. 16,10). Sehen Sie, wie gut es ist, die Bibel zu lesen. Und Sie studieren Theologie?“ fragte er den dritten. „Ja, aber erst ein Semester“, gab er zu. Er wollte sich offensichtlich nicht in eine theologische Diskussion einlassen. Das hatte Ernst aber auch gar nicht im Sinn.

„Sind Sie bekehrt?“ fragte er unvermittelt. Nach einer kurzen Denkpause kam die Antwort, die wenig überzeugend klang: „Ja, schon, eigentlich schon, aber ich halte nichts davon, dies an die große Glocke zu hängen.“

„Was war denn die Grundlage aller Predigten des Paulus?“ fragte er weiter und gab auch zugleich die Antwort: „War es nicht das Zeugnis seiner Bekehrung? Dieses Zeugnis sollte die Grundlage und der Ausgangspunkt jedes Theologen sein. Achten Sie darauf, nicht auf einer Kanzel zu stehen, bevor Sie ein persönliches Glaubenserlebnis mit Gott gemacht haben. Die Seelen einer Gemeinde werden Ihnen einmal anvertraut. Wie werden Sie sie führen können, wenn Sie nicht selbst von Gott geführt sind?“

Es war still im Auto. Sie waren schon kurz vor Schaffhausen, dem Ziel ihrer Fahrt. Ernst verlangsamte den Wagen und parkte an der Straßenseite.

„Wenn es euch recht ist, werde ich noch für euch beten.“ Es war ihnen recht. Als sie sich verabschiedeten, dankten sie herzlich und zogen fröhlich weiter.

Kapitel 6

Neuland

Briefe aus Afrika! Sie kamen aus Kamerun, Kongo Brazzaville, aus Kenia, aus Uganda. Sie erzählten von Missionsarbeit, von Eingeborenen, die in ihren Dörfern evangelisierten. Sie erzählten aber auch von Missionaren, die schrieben: „Komm herüber und hilf uns." Sie lagen einfach auf dem Schreibtisch, aber jeden Tag hörte Ernst Tanner sie reden. Während er arbeitete und betete, sah er diese Briefe und überlegte hin und her, ob es Gottes Wille sei, daß er nach Afrika reise ...

Bis zum Herbst 1968 zögerte er. Einerseits fragte er sich, ob das Geld für den Flug richtig eingesetzt sei; andererseits wartete auch in der Schweiz eine Menge Arbeit auf ihn. Ein Brief seines Cousins Otto — Missionar in Kamerun — gab dann den Ausschlag. Otto bat Ernst, einen evangelistischen Einsatz in seinen Gemeinden zu machen.

Die Packerei und Vorbereitungen für die Reise brachte viele Aufregungen und Fragen. Anfang Januar 1969 saß die Familie Tanner endlich im Zug nach Zürich. Auch jetzt war noch so manches zu besprechen. Jedes Kind wurde nochmals ermahnt, gehorsam zu sein und Mutter brav zu helfen. Der Swissair-Bus brachte sie zum Flugplatz. Nach einem schmerzvollen Abschied standen die fünf — Hedi, Immanuel, Mirjam, Damaris und der kaum vierjährige Simon — am Geländer der damals noch geöffneten Terrasse und schauten gespannt auf den Platz, über den Papa bald zum Flugzeug marschieren würde. Sie sahen, wie er zurückschaute, seine Familie grüßte und mit dem Taschentuch winkte . . . Mit den anderen Passagieren stieg er ein und verschwand. Langsam setzte sich das Flugzeug in Bewegung und rollte zum Start. Die Motoren drehten auf Vollgas, drückten die Maschine vorwärts, bis sie langsam die Nase hob. Ein Aufschrei: „Papa goht in Himmel, Simon wott au in Himmel!" Der Kleine streckte seine Arme aus und weinte erschüttert. Mutter nahm ihn in die Arme, drückte ihn fest, brachte selbst kein Wort über die Lippen. Da jammerten auch die andern drei los. Hedi nahm sie alle, so gut sie konnte, an den Händchen und verließ so schnell wie möglich die Terrasse und die neugierigen Augen der Zuschauer.

Am Kiosk kaufte sie 5 Brötchen, 5 Eier, 5 Mohrenköpfe, 5 Äpfel und 5 Kaugummi. In der Eisenbahn sitzend vergaßen die Kinder den Schmerz, kauten die leckeren Sachen und bewunderten die vorbeiflitzende Welt. Hedi würde nicht so schnell wieder auf dem Flugplatz Abschied nehmen. Zu Hause war der Abschied viel leichter!

Obwohl sich die Wege von Ernst und Hedi dort in Kloten trennten, blieben sie doch aufs Innigste miteinander verbunden. „Wir treffen uns jeden Morgen vor dem Thron Gottes!" hatten sie sich versprochen.

Ernsts erste Eindrücke des schwarzen Kontinents waren nachhaltig stark und wegweisend für sein weiteres Leben. In dem Buch „Afrika ruft" hat er ausführlich seine Begegnungen mit Missionaren, einheimischen Pastoren, mit wilden Tieren und fliegendem Ungeziefer geschildert. Jede dieser Begegnungen brachte ihn ein Stück näher zu der Erkenntnis, daß Afrika nichts nötiger hat als die Botschaft von der Liebe Gottes, von der Erlösung durch Jesus, Gottes Sohn. Ob er im Auto über löchrige Straßen fuhr und die Frauen am Straßenrand beobachtete, die ihre Waren auf dem Kopf zum Markt trugen, ob er im Flugzeug über ungezählte, strohbedeckte Hütten und Dörfer flog, ob er beim Predigen die

Gesichter und Augen der Zuhörer studierte — immer spürte er in seinem Herzen ein großes Verlangen, den Menschen in Afrika zu helfen.

Er erzählt: „Der Nachmittag beginnt mit einem traurigen Ereignis. Wir hören laute Schreie. Etwa 100 m vor unserem Quartier brennt ein Buschhaus. Ich schlüpfe in meine Schuhe und laufe mit meiner Kamera zur Brandstätte. Doch die Lust zum Fotografieren vergeht mir schnell. Ein Wohnhaus aus Holz brennt schon lichterloh, die Flammen schlagen zum Dach hinaus. In großer Verzweiflung greifen die armen Menschen nach ihren wenigen Habseligkeiten. Während das Dach hell aufflackert, helfe ich zu retten, was zu retten ist. Mit lautem Geschrei fangen die Eingeborenen schon an, das Nachbarhaus zu räumen, das kaum zwei Meter entfernt steht. Sein Schicksal scheint ihnen unvermeidlich. Plötzlich wird mir klar, was zu tun ist. Fest entschlossen packe ich eine Schüssel nach der andern und drücke sie den kopflosen Männern in die Hände. Hilflos bleiben sie damit stehen, denn Männer tragen hier keine Lasten, auch kein Wasser — auch nicht, wenn es brennt. So ergreife ich die nächste Schüssel und laufe damit ans Ufer. Das wirkt mehr als tausend Erklärungen. Ein Weißer holt Wasser! Dazu noch für Eingeborene!

Alle werden lebendig. Außer Atem, in Schweiß gebadet, bringe ich das Wasser und gieße es auf den Dachrand des Nachbarhauses. Die Leute schreien auf, denn ich muß dicht an den Brandherd heran. Nun folgen andere meinem Beispiel, zischend plätschert das rettende Wasser über die Hauswand — das Haus bleibt verschont. Die Eingeborenen kommen aus dem Staunen nicht heraus. God bless you! tönt es von allen Seiten. Die arme Frau, deren Haus abgebrannt ist, weint, schreit und tanzt in ihrer Verzweiflung. Es macht mich furchtbar traurig. Ich gebe ihr einige Dollar für ein neues Haus und rede ihr gut zu. Sie ist jetzt recht getrost und drückt dankbar meine Hände.

Nun aber schnell zur Straßenversammlung. Mein Kopf

ist rot wie eine Tomate. Unterwegs wird mir der Häuptling vorgestellt. Ich erkenne in ihm auch einen von denen, die ich zum Wassertragen gejagt habe. Er bedankt sich sehr höflich für die Hilfe und — kommt mit zur Straßenversammlung.

Es sammeln sich viele Menschen. Ein Eingeborener stellt sich auf einen Tisch und beginnt zu sprechen. Ich lasse den Tisch umgekehrt auf den VW legen und stelle mich darauf. Die Umstehenden jubeln. Das ist für sie ein Schauspiel. Der Übersetzer findet auch noch Platz auf meiner Kanzel — und jetzt gehts los. Der Herr gibt viel Gnade zu einer durchdringenden Botschaft. Beim Gebet ist alles still. Gott wirkt, Lob und Dank! Wir laden alle ein, zur Kirche mitzukommen."

Den nachhaltigsten Eindruck seiner ersten Afrikareise erlebte Ernst allerdings am letzten Abend vor seinem Rückflug.

In Afrika verkehren sogenannte Buschtaxis. Der Fahrer wartet, bis sein Wagen mit Passagieren besetzt ist, die dasselbe Ziel haben. Dann fährt er los. Es war ein Peugeot-Familial, in dem Ernst seinen Platz gefunden hatte, ein Siebensitzer, derselbe Typ, den er auch zu Hause fuhr. Er saß am Fenster in der Mitte neben einem Inder und einem Afrikaner. Auf der Rückbank ein indisches Ehepaar, vorn der Fahrer und die Tochter des Inders. Der Motor war plombiert, so daß er nicht mehr als 80 km/Std. fahren konnte. Diesem Umstand und der Güte Gottes war es zu verdanken, daß sie heil in Nairobi ankamen. Einige Male sahen sie in der Nähe der Straße Elefanten. Ernst bat den Fahrer, bei der nächsten Gelegenheit anzuhalten, damit er ein Tier fotografieren könne. Also hielt er an, und Ernst stieg aus. Er ging dem Elefanten einige Schritte entgegen und sprach leise und freundlich auf ihn ein: „Komm, Bobby, bleib noch ein Minütchen stehen. Laß dich doch bewundern. Sei schön lieb, Bobby." Langsam begann der Elefant, seine Ohren zu bewegen. Aha, das wurde gefährlich! Als er sogar seinen Vorderfuß hob, drückte Ernst schnell ab und war mit wenigen Sprüngen zurück im Wagen. Die Fahrt dauerte lang, der Platz war eng, die Straße miserabel. Die Männer begannen zu politisieren. Der Fahrer schaute immer wieder rückwärts zu seinen Gesprächspartnern. Alle redeten laut. Plötzlich fuhren sie ein Stück weit im Straßengraben, so daß Kies und Sand aufwirbelten. Nur mit äußerster Beherrschung konnte Ernst ruhig bleiben. Endlich nahm auch diese vorläufig letzte Buschfahrt ein Ende, und erschöpft und erleichtert stieg Ernst aus. Seine Bekannten waren noch nicht zu Hause, die Türe verschlossen.

Es war Abend geworden. Er legte sich auf den Rasen, um seine müden Beine etwas zu strecken. Während er zum Himmel emporschaute und die Sterne betrachtete, durchströmte ihn eine unendliche Dankbarkeit gegen den Schöpfer all dieser Gestirne, der durch Christus sein Vater geworden war. Viele Gedanken stiegen in seinem Herzen auf. Begegnungen wurden lebendig — gute und schlechte, vergangene und zukünftige. Gelegenheiten — erfaßte und verpaßte. Viele schwarze Gesichter tauchten auf. Es war ihm, als könnte er verstehen, was sie dachten, empfanden, wünschten, litten. Durch welche notvolle Dunkelheit mußten sie gehen — sie, die nur von drohenden Götzenbildern und bedrückenden Geistern umgeben waren, die vielen, die den Schöpfer all dieser Sternenpracht nicht kannten. Scharenweise zogen sie an Ernsts innerem Auge vorbei. Während er dort den weiten, sternenbesäten afrikanischen Himmel mit seinen Blicken zu ermessen versuchte, zog eine nie gekannte Liebe zu den Afrikanern in seine Seele, eine Liebe, die standhielt über alle lästigen, bürokratischen Umtriebe hinaus, die hindurchtrug durch alle Enttäuschungen, Widerwärtigkeiten und Bosheiten. Es war eine Liebe, die nur Gott schenken konnte. Dieses Erlebnis als Abschluß seines ersten Besuches in diesem Erdteil war entscheidend und wegweisend für alle Zukunft. Es bedeutete für ihn eine Kraftquelle, aus der er zu jeder Zeit schöpfen konnte, und eine Ermutigung, wenn ihn Zweifel plagen wollten. Gott hatte ihm nicht nur die Seele Afrikas gezeigt, sondern ihm eine Last auferlegt, die er nicht mehr abschütteln konnte.

Kapitel 7

Expedition Gorillapfad

„Und nach all diesen Überlegungen glaube ich, daß es richtig ist, wenn wir von hier nach dort marschieren.“ Ernst Tanner zeigte mit seinem Bleistift mitten in den grünen Urwald der Kamerun-Karte, die auf dem Stubentisch in Trogen ausgebreitet lag. Sein Mitarbeiter Marcel Gasser, seine Frau Hedi und seine vier sich neugierig herzudrängenden Kinder folgten der Bleistiftspitze. Immanuel beugte sich über den Tisch: „Yokaduma“, buchstabierte er, „von Yokaduma wollt ihr abmarschieren, einfach hier durch dieses unbekannte, unerforschte Gebiet bis zu dieser Ortschaft?“ Sein Zeigefinger landete bei Papas Bleistiftspitze. „Lomie steht hier“, schloß er mit einem Seufzer. Es hörte sich an, als müsse sich der zehnjährige Junge selbst auf den Weg machen und den Urwald durchdringen. „Warum mußt du denn dorthin, Papa?“ wollte jetzt die jüngere Schwester wissen.

Nun, das war eine lange Geschichte. Auf seiner ersten Afrikareise hatte Ernst einen Studienfreund in Congo-Brazzaville besucht, der jetzt als Missionar unter den Pygmäen arbeitete. Dieser Besuch war für ihn nicht nur wegen des Wiedersehens wertvoll, sondern auch, weil er dort zum ersten Mal das kleine Volk der Pygmäen kennenlernte. Als ihm Joe Ellis erzählte, wie er vor Jahren mit dem Boot den Oubangui-Fluß heraufgekommen, am Ufer im Zelt gewohnt, allmählich einen Kontakt zu den Buschmenschen gefunden und nun eine kleine fröhliche Pygmäenschar um sich gesammelt hatte, kam Ernst aus dem Staunen nicht mehr heraus. Er erfuhr, daß die Regierung die Pygmäen erst seit kurzer Zeit als Menschen anerkannt und zu Staatsbürgern erklärt hatte. Vorher waren diese Leute, die nur von der Jagd und vom Fischfang lebten, als Tiere abgestempelt worden. In den wenigen Tagen seines Besuches, bei Wettkämpfen im Kanufahren und Armbrustschießen, bei Küchenbau und Gottesdiensten im Freien, lernte Ernst diese Menschen, die ihm alle nur bis zur Schulter reichten, kennen und lieben. Sie lebten alle versteckt in den Tiefen der Wälder, im nördlichen Teil des Kongo ebenso wie in den südlichen, sumpfigen Gebieten des Urwaldes von Kamerun. Und gerade auf diese Region hatte Ernst nun sein Augenmerk gerichtet. Dies war der unbekannte Fleck auf der Kamerun-Karte. In diesem Bereich wollte er die Pygmäen suchen und ihnen die Frohe Botschaft bringen. Er hatte in Yaounde, der Hauptstadt Kameruns, die theologische Schule aufgesucht und Erkundigungen über das Volk der Pygmäen und ihre Verbreitung in Kamerun einholen wollen, aber niemand konnte ihm Auskunft geben. Aus all diesen Erlebnissen war der Plan gereift, selber hinzugehen und nachzusehen.

Zusammen mit Marcel hatte er sich darauf vorbereitet, vielerlei Dinge eingekauft, die ihm zum Überleben im Urwald nützlich erschienen, und war nun endgültig entschlossen, welche Route er nehmen wollte. Einzelheiten sollten an Ort und Stelle improvisiert werden.

In knappen Worten beantwortete er die ängstliche Frage seiner kleinen Tochter. In der Stube war es still. In den Köpfen aber wirbelten Gedanken, Fragen, Furcht und Hoffnung durcheinander. Schließlich begann Ernst mit seiner tiefen, ruhigen Stimme den Vater im Himmel um Rat und Weisung für diese gefahrvolle Reise zu bitten.

Diesmal umarmten sich Hedi und Ernst ein letztes Mal zu Hause. Dann stiegen Ernst und Marcel ins Auto, das bis zum letzten Winkel vollbepackt war, und Hedi und die Kinder standen und winkten. Der Fahrer hupte einige Male, während er die Straße langsam hinauffuhr. Hedi ging ins Haus zurück, um wegzuräumen, was von der Packerei übriggeblieben war. Das Leben zu Hause ging weiter, während sich für die zwei Pioniere ein weiteres Kapitel Afrika auftat.

Im Auto wurde kaum ein Wort gesprochen. Ernst und Marcel zerbrachen sich immer noch die Köpfe, ob sie auch nichts vergessen hatten. Pässe, Visum, Geld? Ernst griff in die Tasche — alles war da! Neben den beiden Koffern lagen das Zelt, die Schlafsäcke, der Filmkoffer, Tonbandgerät, Photoapparat, eine Kiste mit Lebensmitteln, Leuchtpatronen, Werkzeug, Geschenke für die Eingeborenen, Kompaß, Zündhölzer; und als Verteidigung gegen wilde Tiere lag zuunterst, gut verwahrt, eine Schußwaffe.

Außer dem Flug mit der Swissair nach Douala war alles aufregend und unplanmäßig. Die Zugfahrt in überfüllten Wagen, die Lastwagenfahrt über Straßen und Brücken, die jeder Beschreibung spotteten, die Ankunft in Yokaduma — endlich absteigen, Glieder strecken, Quartier suchen. Am nächsten Tag galt es, Afrikaner zu finden, die bereit waren, auf dem langen Marsch als Träger zu dienen. Ernst fand einige Männer und machte mit ihnen einen schriftlichen Vertrag. Zugleich erfuhr er, daß tatsächlich ein Pfad existierte, der zwar selten begangen wurde, aber doch in Richtung Lomie führte. Die Einheimischen nannten ihn respektvoll „Gorillapfad“ . . .

Endlich kam der Tag des Aufbruchs. Vor dem Häuschen, in dem sie einige Tage auf die Reisebewilligung gewartet hatten, lag das Gepäck bereit. Jedem Träger wurde ein Stück zugeteilt: Francois nahm den Koffer, Laurent den Militärsack, Jacques das Wasser und den Rucksack, Henri das Zelt, Jean-Jacques die Gitarre und die Zeltstangen, Pascal das Lebensmittelpaket und den Kamerakoffer. Alle Stücke landeten auf den Krausköpfen der Träger. Langsam setzte sich die Karawane in Bewegung, angeführt von Ernst Tanner, über der Schulter den Photoapparat, auf der anderen Seite das Tonbandgerät, am Gürtel einen kleinen Wasserbehälter, in der einen Hand das Buschmesser, in der anderen eine Lanze. Marcel mit der Filmkamera bildete die Nachhut. Die staunenden Dorfbewohner standen Spalier. Der Morgentau rieselte in großen Tropfen auf die Schar herab, als sie den grünen Tunnel des Buschwaldes betraten. Es war eine angenehme Morgendusche, die aber bald von der glühenden Sonne getrocknet wurde. Vom gleichmäßigen Getrappel der Füße, Schuhe, Stiefel und Sandalen wurden Schlangen und anderes Getier in die Flucht gejagt. Laute Vogelschreie durchbrachen die Stille. Nur selten wurde ein Wort gesprochen. Jeder versuchte, sich dem Schritt des Vordermannes anzupassen, das Tempo zu halten, sich in die kleine Gemeinschaft einzuordnen und einzufühlen. Es war keine militärische Marschkolonne, dazu war der Weg nicht gemacht. Zu Beginn war es ein ordentlicher Waldweg, gesäumt von leichtem Gebüsch, überdacht von den alles überragenden Urwaldbäumen. Nach jeder Stunde wurde ein Halt von fünf bis zehn Minuten eingelegt, ein Schluck Wasser getrunken, die Lasten ausgetauscht, und weiter ging's, Kilometer um Kilometer. Das Wasser wurde am Morgen vor dem Abmarsch gefiltert und dann mitgetragen.

Erreichten sie am Nachmittag oder gegen Abend einige Häuser, ein Dörfchen oder einen freien Platz, so blieben sie über Nacht. Das erste Dorf hieß Mbol. Die Kinder standen schon in den Hauseingängen und staunten die Fremdlinge an. Zuerst mußte immer der Dorfhäuptling gegrüßt werden. Schaute dieser etwas mißtrauisch oder streitsüchtig auf die Ankömmlinge, so zog Ernst schnell eine Polaroidkamera heraus, deutete an, daß er ein Bild machen wolle, sprach einige Zeit auf französisch auf ihn ein oder ließ den Dolmetscher erklären, weshalb sie gekommen waren. Sobald der Häuptling sein Ebenbild sah, wich sein grimmiger Blick einem zufriedenen Grinsen. Auf dieses Schauspiel hatte sich Ernst lange zuvor gefreut — er hatte die Kamera genau für diesen Zweck gekauft. Er schenkte das Bild dem Häuptling, und damit war eine kurze Freundschaft geschlossen. Abend für Abend versammelten sie sich mit den Dorfbewohnern und dem jeweiligen Häuptling in dessen Hütte und erzählten den wißbegierigen großen und kleinen Menschen von der unendlichen Liebe Gottes. Morgens wurden sie wie Freunde verabschiedet, und weiter ging die Reise. Der Pfad wurde unwegsamer, oft versperrten gefallene Baumriesen den Durchgang. Es kostete jedesmal ganz besondere Anstrengungen, diese erheblichen Hindernisse trotz der schweren Lasten zu übersteigen. Es galt auch, kleinere und größere Flüsse zu überqueren. Vorsorglich hatten sie dazu Luftmatratzen mitgenommen. Doch sie fanden an jedem Übergang ein Kanu, das am Ufer festgebunden und zur Verfügung stand, so daß die Luftmatratzen nicht aufgeblasen werden mußten.

Nachdem die Gruppe wieder ein Dorf durchquert hatte und noch keine halbe Stunde davon entfernt war, hörten sie hinter sich Schreie. Es waren drei Frauen, die sich durch Winken und Rufen bemerkbar machten. Anfänglich nahm Ernst keine Notiz von ihnen. Doch als sie hartnäckig rufend näherkamen, ließ Ernst anhalten und fragte den Dolmetscher, was sie denn riefen. „Sie wollen den weißen Mann sprechen." Marcel und Ernst schauten einander an. Sie wollten den mühsamen Marsch nur ungern unterbrechen und fürchteten Probleme. Dennoch warteten sie, bis die Frauen ankamen, keuchend, verschwitzt, aufgeregt und entschlossen. Die Träger hatten die Lasten abgelegt. Eine Lichtung mit einem querliegenden Baumstamm war geradezu geschaffen für ein Gespräch. Durch den Dolmetscher erfuhr Ernst das Anliegen der Frauen. Vor langer Zeit war ein Mann zu ihnen gekommen, der ihnen von einem Gott erzählt hatte, der auf die Erde gekommen war, um den Menschen zu helfen, weil er sie liebte. Aber er sei getötet worden. Dann war es still. Was wollten diese Frauen von dem weißen Mann? Die zweite fuhr fort: „Der Mann hat erzählt, daß dieser Gott wiederkommt und alle zu sich holt, die das glauben." — „Der weiße Mann weiß doch ganz sicher, ob er schon gekommen ist“, schloß die dritte, und alle drei Augenpaare waren fragend auf Ernst gerichtet, der sich neben die Frauen auf den Baumstamm gesetzt hatte. Und wieder war es still. Ernst war so bewegt, daß er nach Worten suchen mußte. War das möglich? Nur einmal hatten sie von Jesus gehört und warteten nun ungeduldig auf seine Wiederkunft. Nichts machte ihm da größere Freude, als diesen drei hungrigen Herzen vom Brot des Lebens auszuteilen. Nur ungern ließen die Frauen die Gruppe weiterziehen und verabschiedeten sich mit strahlenden Gesichtern.

Ab und zu trafen die Wanderer in der Nähe des Pfades auf Pygmäen-Behausungen. Diese unterschieden sich in jeder Beziehung von den übrigen Hütten. Sie sahen wie kleine Laubhaufen aus, so niedrig, daß man darin nur sitzen oder liegen konnte. Die Leute selber waren weder zu sehen noch zu hören. Pygmäen sind sehr furchtsam und menschenscheu. In den Dörfern hingegen kamen sie herzu, standen aber gewöhnlich abseits. Nur einmal, am vierten Abend, wurde getanzt und gelärmt — singen konnte man das wohl nicht nennen. Es war eine urtümliche Begrüßung, die nicht ohne Eindruck auf die beiden Europäer blieb. Als Gegenleistung sangen sie den Buschleuten ein Lied zur Gitarre und sprachen durch den Dolmetscher vom Grund ihres Besuches. Das mußte wohl eine wichtige Botschaft sein, die diese Weißen ihnen brachten, daß sie so weit her gekommen waren! Sie hörten willig und freudig zu.

Am nächsten Tag, vor dem Abmarsch, stellte ihnen der Häuptling einen Mann mit einem Gewehr vor. „Er wird euch begleiten, euch den Weg zeigen, euch auf der nächsten besonders gefährlichen Strecke beschützen“, dolmetschte der Übersetzer. Ernst willigte ein, ihn ebenfalls als Träger und Führer anzustellen, obwohl er von der Treffsicherheit des alten Schießeisens nicht ganz überzeugt war. Der Neue ordnete sich schnell ins Team ein und sollte ihnen mit seinen Ortskenntnissen noch nützlich werden. Der Gorillapfad wurde immer schmaler, und Ernsts Buschmesser trat in Aktion.

Die Ausdauer der Träger wurde auf eine harte Probe gestellt. Jeden Tag erreichten sie ihr Ziel schleppender; die stündlichen Pausen mußten verlängert werden; die Hitze, die Lasten und die Entfernung zehrten an ihren Kräften. Das Geschrei einer Pavianherde erschreckte sie, vor einem Zug Wanderameisen flohen sie mit großen Sprüngen, frische Elefantenspuren jagten ihnen Angst ein. Ein sonderbares Gebilde am Wegrand erschreckte den Mann mit dem Gewehr, der immer dicht hinter Ernst herschritt, ganz besonders. Er stand still und zeigte auf den dicken Pfahl, der am Wegrand eingerammt war, und dessen oberes Ende ein welkes Grasbüschel zierte: „Ein Buschbewohner, der vor uns diesen Pfad ging, hat hier ein Raubtier angetroffen und diesen Pfahl zur Warnung eingeschlagen!“ Richtig, nur hundert Schritte weiter warnte sie ein zweites Zeichen. „Hier“, rief der Mann mit dem Gewehr ganz aufgeregt, „hier ist der Ort, wo die Raubkatze war, und hundert Schritte weiter ist das dritte Warnzeichen für Buschleute, die von der entgegengesetzten Richtung kommen“, schloß er seine Ausführungen. Die ganze Marschtruppe beschleunigte das Tempo . . .

Nun begann Ernst zu begreifen, welche Strapazen ein Missionar auf sich nimmt, der, von Rettergeist beseelt, in abgelegene Gebiete vorstößt. Kommt er an seinem Ziel an, erschöpft, oft sogar krank, wie soll er seinen Dienst dann noch ausrichten? Und — abgesehen vom Verschleiß der Kräfte — wieviel kostbare Zeit ging verloren! Gab es denn keine Möglichkeiten, den einsatzfreudigen, hilfsbereiten Boten die Arbeit zu erleichtern? Während Ernst sich Schritt für Schritt durch den Urwald kämpfte, hatte er Zeit, solchen Gedanken nachzuhängen. Seine Blicke kletterten an den kahlen Stämmen hoch bis zur Krone und bis zum Himmel, der sich über ihnen wölbte. Dort oben, über diesem elenden Weg voller Wurzeln, Steinen, Hindernissen und Gefahren, dort oben wäre es doch einfacher, man könnte fliegen, immer geradeaus . . .

Kurz vor ihrem Ziel, dem Ort Lomie, machten sie einen

letzten Halt. In sieben Tagen hatten sie 140 km Urwald durchquert, ihre Leistungsfähigkeit bis an die Grenzen strapaziert, in abgelegenen Dörfern und Hütten das Evangelium gepredigt sowie Erkenntnisse und Einsichten für eine wirkungsvolle Missionsstrategie gesammelt. Ernsts Verständnis für die Mission war nicht nur gewachsen; er hatte sich auch ein hohes Ziel gesteckt: Hilfe für die Pionierarbeit der Missionare zu schaffen.

Noch einmal sammelte sich die Gruppe, die in so kurzer Zeit eine Einheit geworden war, zu einem Abschiedsgespräch. Der vereinbarte Lohn wurde verteilt und ein gutes Trinkgeld dazu. Wie leuchteten da die schwarzen Gesichter. Doch beim Lebewohlsagen und Händeschütteln wurden die Augen feucht und die Herzen beklommen. Der dunkle Urwaldweg zurück zu ihren Dörfern lag vor den braven Trägern, dazu der Abschied von Ernst, den sie schätzen gelernt hatten, obwohl er oft ein harter Meister gewesen war. Er hatte sie zu Leistungen motiviert, die ihr afrikanisches Denken weit überstiegen. Nun gingen sie den Weg zurück und winkten unaufhörlich, bis der ihnen so vertraute und so gefürchtete Buschwald sie wieder aufnahm.

Kapitel 8

Ottos altes Spielzeug

Für Ernst und Marcel war ein wichtiges Kapitel abgeschlossen; die zweite Etappe der Afrikareise lag vor ihnen. Sie fanden in Lomie einen Lastwagen, der sie zurück in die Zivilisation brachte, nämlich zu Ernsts Cousin Otto, Leiter einer großen Missionsarbeit in Kumba. Mit ihm zusammen besuchten sie Ngwandi, ein weit abgelegenes, großes Dorf in den Bergen. Obwohl der Einsatz nur zwei Tage dauerte, wurde eine ganze Kolonne Träger mobilisiert, um die notwendigsten Dinge nach Ngwandi zu schleppen. Die Siedlung bestand aus verschiedenen Dörfern, die alle auf einem flachen Bergrücken lagen, wunderschön angelegt, jedes mit einem riesigen Dorfplatz, wie geschaffen für Freiversammlungen. Dafür fanden sie nicht nur reichlich Gelegenheit, sondern auch überall äußerst interessierte, andächtige Zuhörer. Viele öffneten dem Wirken Gottes ihr Herz und übergaben ihr Leben der Herrschaft Jesu. Zum Schluß stimmten alle ein in fröhliche Lieder, die man weit umher hören konnte. Beim anschließenden Verteilen von Traktaten entstand jedesmal ein Tumult, daß der Staub nur so aufwirbelte ...

Und wieder nahte der Abschied. An jedem Ort ließ Ernst ein Stück seines Herzens zurück und nahm dafür einen Korb voll Erinnerungen mit. Aus Ngwandi begleiteten ihn lange Zeit die kräftigen Stimmen der Trägerinnen, die trotz ihrer schweren Lasten unaufhörlich sangen: „We are walking in the light, we are walking in the light of God!" (Wir wandern im Licht, wir wandern im Licht Gottes.) Die kräftigen, berggewohnten, barfüßigen Frauen wollten die Gepäckstücke den halben Weg tragen und dann zurückkehren, begleiteten das Evangelistenteam schließlich aber doch sechs Stunden lang bis zur Ausgangsstation, wo der VW-Bus wartete.

Mit dem Boot, dem Bus und zu Fuß zogen Otto, Ernst und Marcel mit eingeborenen Übersetzern von Ort zu Ort und wurden fast überall freudig willkommen geheißen. Erreichten sie am Abend müde und verschwitzt Ottos Haus in Kumba, so wußte Ottos Frau Waltrud nicht genau, worüber Ernst sich mehr freute — über die primitive Dusche hinter dem Haus, oder über den blauen Luftpostbrief aus der Schweiz. Beides genoß Ernst gründlich. „Wie geht's zu Hause?" — „Alles in Ordnung, außer — naja — Kleinigkeiten. Simon rannte zu schnell, stolperte, schlug den Kopf gegen das Mäuerchen. Der Arzt nähte es, schreibt Hedi, es heilt gut. Man wird fast nichts mehr davon sehen, wenn er zwanzig ist", tröstete Ernst sich selbst. „Und die Mädchen?" erkundigte sich Waltrud weiter. „Na, meine kleinen Töchter, deren Lachen ich so vermisse — Mirjam sei krank gewesen, mit Fieber im Bett. Hedi mußte Fußwickel machen und eine Nacht an ihrem Bettchen sitzen. Wie froh ich bin, wenn es endlich wieder nach Hause geht!" — „Wie verkraftet Hedi das lange Alleinsein? Hat sie keine Angst in dem großen Haus?" — „Sie schreibt nichts davon. Sie ist eine tapfere Frau; ich bin stolz auf sie. Wenn ich nicht überzeugt wäre, daß sie mich in meinem Dienst nicht nur versteht, sondern auch unterstützt und anspornt, könnte ich nicht immer wieder von zu Hause weggehen. Es ist und bleibt, so oder so, ein Losreißen und beständiges Losgerissensein. Weißt du, Waltrud, die Briefe sind schön, aber sie vergrößern auch die Sehnsucht. Noch ein paar Tage . . ."

Vor dem Fenster, das nur mit feinem Drahtgitter bedeckt war, tat sich etwas. Ein Rascheln, Schnaufen, Kichern, dann tauchten einige Kinderköpfe auf und neugierige, große Augen spähten durchs Gitter, um zu erforschen, was die weißen Männer taten. „What kind of bad fashion this be for looking so inside we room!“ rief Otto, während er in die Hände klatschte. Die Köpfe verschwanden. Ohne Übersetzer hatten sie das Pidgin-Englisch verstanden. (Welch schlechte Art ist das, einfach in unsere Stube zu gucken!)

Otto, der schon lange Jahre in Kumba als Vorsteher vieler Gemeinden mit einheimischen Predigern tätig war, hatte Erfahrungen gesammelt im Umgang mit groß und klein. „Es ist nicht mehr so einfach, Missionar zu sein. In den afrikanischen Ländern, die vom Kolonialismus frei geworden sind, herrscht heute ein starkes Nationalgefühl. Der Weiße wird nicht mehr so geachtet. Er ist geduldet, solange er Hilfe bringt — sei es sozial, finanziell oder geistlich. Wir müssen sehr weise umgehen, darauf achten, in den Hintergrund zu treten, die Schwarzen anleiten und sie vorausgehen lassen. Sie brauchen uns, aber wir dürfen ihnen das nicht unter die Nase halten. Sie sind unsere großen Kinder. Was wir ihnen geben wollen, ist ein gutes Spielzeug.“ Otto lachte und klopfte auf seine alte Bibel. Er war überzeugt, daß ein lebendiges Christentum den Afrikanern — und nicht nur ihnen — eine wirkliche, alle Bereiche des Lebens umfassende Hilfe bietet.

An Tanners Freunde in der Schweiz schrieb Otto:

Kumba, 18. März 1970

Liebe Freunde, zum zweiten Mal war es uns anfangs des Jahres vergönnt, Ernst Tanner und seinen Mitarbeiter Marcel Gasser auf unserem Feld begrüßen zu dürfen. Ein sehr reichhaltiges Programm war schon im voraus ausgearbeitet worden, welches ihn während drei Wochen vollauf beschäftigt hielt.

Nach einem zehntägigen ermutigenden Einsatz im Küstengebiet war es mir geschenkt, ihn zehn Tage lang im Grasland zu begleiten. Dies war für mich eine besondere Zeit der gesegneten und erfrischenden Gemeinschaft.

Die Evangelisationsabende, welche ausschließlich im Freien durchgeführt wurden, fanden uns entweder auf dem Marktplatz oder auf einer an eine belebte Straße angrenzenden Wiese. Bald waren die Lautsprecher installiert, und die von der Musik angelockten Neugierigen postierten sich im engen Kreis um uns herum, um eine klare Lebensbotschaft zu vernehmen.

Besonders erinnere ich mich an jene zwei Abende, die wir für ein größeres Dorf reserviert hatten und wo wir seither regelmäßig Versammlungen halten durften. Eine ermutigend große Schar Menschen aller Altersstufen hatte sich um uns geschart. In ehrfürchtiger Stille lauschten sie dem Gesang und anschließend der schlichten, doch ansprechenden Botschaft. Viele leisteten der Aufforderung zur Entscheidung für Christus Folge und beteten mit sichtlicher Bewegung das vorgesprochene Gebet nach. Gottes Geist war offensichtlich an der Arbeit. Nur dadurch läßt sich erklären, daß der auch für Afrikaner ungewöhnlichen Aufforderung, einen Chorus mitzusingen, freudig und ungezwungen Folge geleistet wurde. Und so hallte es gar bald recht kräftig in französisch durch die Gegend: „Ich bin glücklich, denn Jesus hat mich gerettet! In Liebe hat er mir vergeben, darum singe ich: Ich bin glücklich, denn Jesus hat mich gerettet!“ Wirklich, ich fühlte mich eher in eine unserer Gemeinden versetzt als in einer Freiversammlung, wo ich bis dahin noch nie ein so spontanes Mitsingen erlebt hatte.

Anschließend folgte allerdings eine eher kritische Schlußphase, das Verteilen der so sehr begehrten Traktate. Durch Erfahrung klug geworden, verstauten wir zuerst unsere gesamte Ausrüstung im Wagen. Dann händigten wir einigen starken Männern, die wir vorher genau eingewiesen hatten, je ein Bündel Traktate aus. Sie mußten sich soweit wie möglich durch die Menge preschen, ehe sie mit dem Verteilen beginnen konnten. Sie kamen nicht weit, und schon ging ein Handgemenge los, aus welchem wir uns kaum heraushalten konnten. Als letzter Ausweg blieb dann nur noch das Auto und ein sich Fortstehlen aus der uns umlagernden und aufdringlich bettelnden Menge.

Ja, wie oft schmerzte es uns doch, so wenig Traktate für so viele lesehungrige Seelen zu haben. Um so dankbarer sind wir für die 10000 Herzbüchlein wie auch für die 60000 Johannes-Evangelien, welche uns Ernst vor einigen Wochen zukommen ließ. Besonders möchten wir auch all jenen Freunden, die dies durch ihre Opfer möglich gemacht hatten, ganz herzlich danken. Möge Gott es euch reichlich lohnen!

In der Liebe Jesu verbunden grüßen euch herzlich
Otto und Waltrud Tanner.

2. Teil

Kapitel 9

Soll das ein Witz sein?

Ernst flog zurück in die Heimat. Sein Geist war voll von Eindrücken der letzten drei Monate; seine Gedanken eilten voraus und gestalteten die Pläne für die nahe Zukunft. Etwas mußte kommen. Er spürte es in seinem Innern brodeln und kochen.

Stürmisch empfingen ihn seine Lieben. Innig dankbar, sie gesund wiederzusehen, drückte er eins nach dem andern an sein Herz. Dann wurde erzählt, erzählt, erzählt. Jedes der Kinder hatte etwas Wichtiges zu sagen, das Papa unbedingt wissen sollte. Er mußte auch Simons Augenbraue anschauen, die der Arzt so schön genäht hatte . . .

Endlich kam Vater selbst zum Erzählen, und er fand interessierte Zuhörer. „Deshalb glaube ich", schloß Ernst ganz entschieden, „daß wir beten müssen, damit Gott uns zeigen kann, wie wir sein Evangelium schneller zu den weit abgelegenen Stämmen bringen können." Die Kinder waren sprachlos über alles, was sie gehört hatten, falteten die Hände, und alle baten Gott um seine Führung.

Der Sommer brachte viel Arbeit mit den alljährlichen Freizeiten. Danach evangelisierte Ernst an den verschiedenen Orten der Schweiz. Zusammen mit Marcel reiste er anschließend nach Ungarn und Jugoslawien. Wo er auch hinkam, rief er die Zuhörer zu entschiedener Hinwendung zu Gott auf. Ob er mit den Lagerkindern von der Ebenalp zum

Schäfler wanderte, ob er in einer Gebetsstunde saß oder stundenlang im Auto reiste — die Sorge um die Menschen, die er in Afrika gesehen hatte, ließ ihn nicht los.

Eines Tages kam er ziemlich aufgeregt nach Hause. „Hast du die Nachrichten im Radio gehört?" fragte er seine Frau. „Jetzt wurden in Vietnam wieder sechs Armee-Helikopter der Amerikaner abgeschossen, direkt über dem Urwald. Da kommt wohl jede Hilfe zu spät. Aber es werden einfach wieder neue Maschinen eingesetzt. Die müssen ja eine Unmenge davon haben. Diese Helis sind einfach unübertrefflich, sie starten überall! So ein Ding sollte man in den Missionsdienst nehmen, findest du nicht auch, Hedi?"

Ernst interessierte sich weder für das Mittagessen noch für die eingegangene Post, er wartete auch Hedis Antwort nicht ab. Er sah die abgeschossenen Helikopter und die andern, die noch über die Kronen der Urwaldbäume flogen, vor sich. „Ich müßte fliegen lernen!" Diesen Gedanken wagte er fast nicht auszusprechen. Dennoch fuhr er fort: „Was würdest du dazu sagen, Hedi, wenn ich fliegen lerne?!" — „Du spinnst, mein Lieber!" lachte Hedi, „soll das ein Witz sein oder ist bei dir der Wohlstand ausgebrochen?" — „Ja, ja, ein Witz", schloß Ernst das Gespräch, erhob sich und verschwand im Schlafzimmer.

Am nächsten Sonntagnachmittag lud er seine Familie mit den Worten ins Auto: „Wir verduften, bevor wieder Besuch kommt." — „Wohin fahren wir denn?" — „Das werdet ihr bald sehen." — „An den See!" — „Nein, zum Steinigen Tisch!" — „Oder an den Eselsschwanz!" Papa fuhr schweigend weiter; ein ganz klein wenig schmunzelte er, das konnte jeder sehen. „Jetzt weiß ich's; wir spazieren am alten Rhein!" Die Richtung stimmte immerhin. „Ganz richtig, aber zuerst machen wir hier einen kurzen Halt." Der Wagen stoppte auf dem Parkplatz des Flugplatzes Altenrhein. Schon standen alle sechs am Zaun und bestaunten die kleinen Flugzeuge. Die Kinder lasen die Buchstaben, die darauf gemalt waren. Ernst erklärte Hedi die verschiedenen Typen: Piper,

Cessna, Bravo. An diesem schönen Sonntag war viel Betrieb. Eine hübsche Maschine kam aus dem Hangar angerollt, die Tür wurde geöffnet, zwei Personen stiegen ein. Für Ernst war es aufregend, die Miene des Piloten zu studieren, während der selbstverständlich, sicher und fast selbstgefällig die notwendigen Handgriffe ausführte. Er war Herr der Situation. Das Flugzeug rollte zur Startbahn, und los ging's. Die Zuschauer drehten die Köpfe nach dem glänzenden Vogel, der über dem Bodensee verschwand. Staunen und Ehrfurcht war auf den Gesichtern zu lesen, auch etwas Neid und gespielte Gleichgültigkeit. Starten, landen, einsteigen, aussteigen, begrüßen, verabschieden — es war immer dasselbe; aber die Familie Tanner stand und schaute. Ernst dachte ständig: Ob dies einmal Teil meiner Berufung sein wird? Ob ich so zu jenen Stämmen gelangen könnte? Wo sind die Wege, die ich jetzt gehen muß?

Es war nicht der letzte Sonntag, den er auf dem Flugplatz verbrachte. Manchmal fuhr er nach Sitterdorf, wo es einen herrlichen Kinderspielplatz gab. Dort tummelten sich die Buben und Mädchen, während Ernst ungestört das Treiben auf dem Flugfeld verfolgen konnte.

Durch einen Bekannten hörte er von einer Helikopter-Pilotin und verabredete sich mit ihr. Voller Erwartung fuhr er mit Hedi zum vereinbarten Flugplatz. Er überschüttete die Frau mit Fragen, von denen sie ihm kaum die Hälfte beantworten konnte. Sein Essen wurde kalt, aber sein Herz wurde warm, als er erfuhr, welche phantastischen Fähigkeiten der Helikopter besaß. Als er jedoch vernahm, in welchen Größenordnungen sich Ausbildung, Kauf und Unterhalt bewegten, wurde er sehr nachdenklich. Es war für ihn wohl ein denkwürdiger Tag; doch er hatte ihn seinem Ziel kaum einen Schritt näher gebracht.

Beharrlich hielt er daran fest, dem Evangelium in Afrika neue Wege zu ebnen. Er hörte von einer Missionsfluggesellschaft in England, nahm Kontakt mit der Leitung dieser Gesellschaft auf und konnte noch im selben Herbst eine

Begegnung mit dessen Gründer Steve Stevens organisieren. Wieder nahm er seine Frau mit. Es schien ihm wichtig, daß sie sich über alle Schritte, die er unternahm, selbst ein Bild machen und ihn auf diese Weise verstehen und unterstützen konnte. Mit einem billigen Charterflug starteten sie am 18. September 1970 frühmorgens nach London. Eng gedrängt, unbequem, verspätet, aber doch erwartungsvoll saßen sie in der überfüllten Maschine. Ob heute Weichen gestellt würden? Ob dies der Mann war, der eine Lösung wußte? Ob die Erfahrungen dieser Gesellschaft (MAF = Missionary Aviation Fellowship) ein Stück weiterhelfen konnten? Hedi schaute etwas unsicher dem Treiben im Flugzeug zu. Alles war ihr neu und unbekannt. Ihre Fragen an Ernst betrafen weniger die Mission in Afrika; viel eher drehten sie sich um das Wetter draußen, die Fluggäste, das englische Frühstück, die Verspätung und die englische Sprache, die ihr noch gar nicht geläufig war.

Sie trafen Mr. Stevens auf dem Flugplatz, fuhren zusammen in einem zweistöckigen Bus durch London, und da es ein außergewöhnlich schöner Herbsttag war, setzten sie sich am Piccadilly Platz auf eine Bank, betrachteten die Tauben und den Verkehr, während Ernst dem aufmerksamen, höflichen Engländer sein Anliegen vorbrachte. Sie sprachen lange über die Fliegerei, über die Organisation ihrer Arbeit, über Gefahren, Unfälle und auch über zukünftige Möglichkeiten. Die MAF besitzt viele kleine Flugzeuge und setzt sie in allen Teilen der Welt ein, um den Missionaren ihren Dienst zu erleichtern. „Weshalb keine Hubschrauber?“ Diese Frage lag Ernst schon die ganze Zeit auf der Zunge. „Hubschrauber haben doch viel mehr Möglichkeiten.“ Die Antwort war kurz und bündig: „Hubschrauber sind phantastisch und unübertrefflich, aber leider auch unbezahlbar.“ Das war das Ergebnis ihres Besuches in London. Um eine Enttäuschung reicher, kehrten sie am selben Tag nach Trogen zurück. „Glaubst du immer noch, daß du fliegen lernen wirst, Ernie?“ — „Ich glaube es, aber ich erzwinge nichts. Wenn Gott es will, will ich es auch — sonst nicht.“

Es ging zurück in den Alltag. Bei der Familie Tanner gab es nie so etwas wie einen „eintönigen Alltag“. Jeder Tag brachte Neues. Noch immer wurde gebaut. Das alte Büro, das zu klein geworden war, mußte kurzerhand in ein geräumiges Zimmer des Nebengebäudes verlegt werden. Dort gaben zwei große Fenster den Blick ins Grüne frei. Jeden Morgen kam eine Rehfamilie vom Waldrand herauf und graste friedlich, keine hundert Schritte entfernt. Aus dem tiefen Tal im Wald hörte man die Goldach rauschen. Ein Fischreiherpaar hatte sein Nest in der Nähe gebaut. Der Feldstecher lag immer griffbereit, so daß Marcel, von seiner Zahlenarbeit aufblickend, die stolzen Vögel beobachten konnte. Vor jedem Fenster stand ein Pult, Ernsts Arbeitsplatz. Hier wurde studiert und geplant, wurden Ideen geboren und wieder verworfen, wurde gebetet und geseufzt, gestöhnt und frohlockt. An der großen Wand hinter ihnen hing eine Afrika-Karte. Ernst und Marcel fühlten Afrika förmlich im Rücken, allgegenwärtig, fordernd, bittend.

Dieser Raum war still, abgeschirmt von den Umtrieben im Haus drüben, wo so viele Menschen ein und aus gingen. Von hier aus wurde auch der Kontakt zu den vielen Freunden und Bekannten gehalten, die durch die Reisen und Vorträge gewonnen worden waren. Es war nicht mehr möglich, ihnen allen einzeln zu schreiben. Deshalb entstand der Rundbrief, ein von Anfang an sehr persönliches Schreiben. Er war auch das Instrument, das mithalf, die große Tannerfamilie finanziell über Wasser zu halten. Außer den vier Kindern wohnten Maria und Carmen im Haus. Maria, die liebe Schwarzwälderin, war in der Küche die Chefin; Carmen schrieb Briefe und gab dem Haus mit ihren Liedern eine fröhliche Note. Wo immer Ernst auch unterwegs war, überall lud er die Menschen in sein Haus nach Trogen ein. Ganz besonders für traurige und belastete Menschen schien ihm der Ort im Grünen das Richtige. Und sie kamen und blieben — manche für einige Stunden, andere für ein halbes oder ein ganzes Jahr.

„Salem“ nannte Ernst sein Haus; Frieden sollte es ausstrahlen. In den Sommerferien erkannte man das Haus im Grünen nicht mehr. Zu den eigenen vier Kindern gesellten sich dreißig oder vierzig fremde. Da war ein Lachen, Singen, Springen, Schreien und Rufen, ein Streiten und Stoßen, bis jedes seinen Platz am Tisch gefunden hatte und der strenge Onkel Ernst zur Ruhe mahnte, damit er das Tischgebet sprechen konnte.

Während alle eifrig die Suppe löffelten, entdeckte Tante Hedi den kleinen Urs, der unbeweglich vor seinem Teller saß. Sie beobachtete ihn ein Weilchen. Da kugelte plötzlich eine dicke Träne auf den Tellerrand ... Auch das mußte gelernt sein — die Heimwehkinder trösten. Am Abend wurde Hedi ans Bettchen der kleinen Gabi gerufen. „Ich habe vergessen, wie Mami aussieht.“ Und am nächsten Abend: „Mami hat immer eine Geschichte erzählt.“ Zuletzt mußte Mami das Heimwehkind doch heimholen. Die zwei Lagerwochen waren ausgefüllt mit Singen, dem Erzählen biblischer Geschichten, Basteln, Spielen, Ausflügen. Sie gingen im Nu vorbei. Viele der Kinder kamen Jahr für Jahr, um diese so gesegneten Freizeiten miteinander zu verbringen.

Eines Tages saß Hedi wieder wartend im Wohnzimmer und strickte. Stricken und Warten waren für sie zu identischen Begriffen geworden. Endlich erschien der Langersehnte. Er wurde stürmisch begrüßt. Etwas blitzte in seinen Augen: „Kommt in die Stube, ich muß erzählen.“ — „Bist im Bärengraben gewesen?“ — „Hast einen Unfall gehabt?“ — „Wie lange bist gefahren?“ — „Simon will auch mit!“ Die Kinder drängten sich alle herzu und sprachen alle auf einmal. „Also, jetzt von Anfang an und ganz der Reihe nach!“ Vater machte es spannend. „Als die Besprechung in Bern fertig war, fuhr ich nach Belp. Dort ist eine Helikopterfirma. Von weitem schon sah ich einige Maschinen dort stehen. Kinder, ich hatte Herzklopfen, als ich sie nur von weitem sah! Ich wollte sie aber aus der Nähe betrachten, außen und innen. Ich fand einen Mechaniker, der mir bereitwillig eine kleine Maschine zeigte, eine BELL G3. Als ich die Sitze sah, die Steuerknüppel, die Instrumente, fragte ich ganz beiläufig, was denn ein kleiner Rundflug kosten würde. Kinder, ich bin geflogen! Zehn Minuten über Baumkronen, über Kartoffeläcker, über Wiesen, Bäche, die Aare entlang. Ich schwebte über dem Flugplatz, ganz ruhig, der Pilot drehte die Maschine langsam nach allen Seiten, zog sie hoch, wieder vorwärts ... Es war phantastisch! Es ist genau das, was wir in Afrika brauchen! Ganz genau!" Ernst hatte sich ereifert, er sah sich im Geist über die Urwälder fliegen, in den Buschdörfern landen, fliegen, landen ... „Laßt uns beten." Alle senkten die Köpfe, und der Vater bat seinen himmlischen Herrn um einen Helikopter ... Was für ein Tag! Aber Ernst mußte das Warten lernen. Das Jahr ging zu Ende, und nichts deutete darauf hin, daß Gott eine Tür öffnen würde.

Doch — eine fröhliche Überraschung erlebten die Tannerkinder: am 30. Dezember wurde nämlich ihr jüngster Bruder Lukas geboren. Die zwei Mädchen hatten sich eine Schwester, die beiden Buben einen Bruder gewünscht. Mutter und Vater wünschten sich nichts anderes als ein gesundes Kind. Sie waren früh um fünf aus dem Haus geschlichen und ins Krankenhaus gefahren. Als Tante Nelly die Kinder weckte, ahnten sie schon etwas. „Ist Mama im Spital? Ist es ein Bub? Ist es ein Mädchen?" Am Nachmittag kamen sie alle im Krankenhaus an und staunten das kleine Bürschlein an, von dem die Hebamme sagte, er sei ein großer!

Als Hedi nach sechs Tagen mit dem neuen Familienmitglied nach Hause kam, herrschte dort schon Aufbruchstimmung: eine neue Afrikareise stand bevor. Abschiednehmen war nie leicht gewesen, aber dieser Abschied war schwer, bleischwer. Ernst machte nicht viele Worte. Er befahl seine Familie der Gnade Gottes, betete für sie, schloß eins nach dem andern in seine Arme, drückte jedes einen Augenblick, küßte den kleinen Lukas auf die schlafenden Augen und stieg ins vollgepackte Auto. Immanuel durfte mit zum Flugplatz fahren, er war der Älteste.

Kapitel 10

Tante Nelly

Tante Nelly war vierzig Jahre lang Dorfschullehrerin gewesen. Im Schulhaus, in dem sie alle Schüler des Dorfes unterrichtete und in dem sie auch wohnte, konnte man des Nachts den Rheinfall rauschen hören. In diesem Schulhaus hatte auch Hedi gewohnt, solang sie sich erinnern konnte. Ihre Mama war geschieden und besorgte ihrer Schwester Nelly den Haushalt. Wenn Hedi mit dem Einkaufskörblein und einem Zettelchen im einzigen Dorfladen erschien, rief die alte Frau Fischer: „Ei, da kommt ja unser Heiteiterli!" Hedi war in dem kaum hundert Seelen zählenden Dorf zu Hause und liebte und schätzte ihre Tante Nelly über alles. Sie fand bei ihr Schutz, wenn ein heftiges Gewitter über das Dorf hinwegfegte; sie fand Trost, wenn die Puppe das Kleid zerrissen oder Nachbarskinder sie ausgelacht hatten. Manchmal durfte Hedi bereits in Tantes Schule sitzen, obwohl sie erst fünf Jahre alt war. Tante Nelly wußte viel. Sie traf in schwierigen Augenblicken immer die richtige Entscheidung. Hedi wußte noch nichts von Tante Nellys Nöten und ihren heimlichen Tränen. Erst als Hedi älter wurde und nach einem fünfjährigen Aufenthalt in Zürich zur Tante an den Rhein zurückkehrte, begann sie, in Tantes Herz hineinzusehen ...

Während Hedi in Schaffhausen die Kantonsschule besuchte, konnte sie in Tantes Schulstube so manche negative und auch viele positive Begebenheiten miterleben. Sie fühlte sich zur Schule hingezogen, zu den Kindern, zur Lehrerin und zum Beruf. In der Zeit ihrer Ausbildung in Zürich durfte sie die Hilfe ihrer Tante immer wieder erleben. Der erste Brief nach den Probelektionen der Abschlußprüfung galt deshalb Tante Nelly. Hedi wußte, daß niemand sie so gut verstehen konnte wie ihr Tantchen. So war es fast selbstverständlich, daß Tante Nelly nach ihrer Pensionierung nach Trogen zu ihren Lieben zog und mit ihnen Freud und Leid teilte. Sie war es auch, die während vielen Jahren eine finanzielle Sicherheit für die junge Familie bot. Wenn auch in ihren alten Tagen die Schulmeisterin etwas zu stark hervorbrach und die Tannerkinder darüber nicht immer beglückt waren, so wurde sie im Salem doch von allen geliebt und verehrt.

Kapitel 11

Hotel Bravo Xray Delta Kilo

Der Frühling brachte Ernst und Marcel wohlbehalten in die Schweiz zurück. Und diese wiederum brachten eine große Neuigkeit mit: Während des schweren Evangelisationsdienstes in Kamerun hatte Ernst nämlich mit verschiedenen Predigern über seine Helikopter-Pläne gesprochen. Björn Bue, ein Norweger, Vorsitzender der nationalen Allianzbewegung „Neues Leben für alle" unterstützte ihn mit großem Optimismus und versicherte immer wieder, daß ihm diese Idee wie die Erfüllung eines Traumes erscheine. Je länger Ernst diesen Gedanken nachhing und Gott im Gebet um Weisung fragte, desto mehr wuchs in ihm die Überzeugung, daß die Zeit zum Handeln gekommen war.

„Sollten wir mit den Methoden von Livingstone und Stanley arbeiten, wenn uns heute die besten technischen Mittel zur Verfügung stehen?" Eindringlich beschwor er Bekannte, Freunde und Fernstehende im nächsten Rundbrief, mitzuhelfen, daß dieses moderne Werkzeug für die Missionen eingesetzt werden könne. Er schrieb: „Man mag mich kritisieren, wie man will. Ich bin bereit, zu Fuß zu gehen; ich bin aber auch bereit, zu fliegen. Wer selbst noch nie mit Blasen an den Füßen durch den heißen Urwald marschiert ist, sein Brot mit Mäusen geteilt, mit Wanzen gelebt und sich von Insekten zerstechen ließ, sollte sein Urteil erst vorsichtig prüfen."

Er klopfte den Freunden auch auf den Geldbeutel, indem er schrieb: „Nehmen wir an, daß jeder den Zehnten seiner Ersparnisse gibt, dann könnten wir den sehnlichen Wunsch vieler Missionare erfüllen und einen Helikopter einsetzen. Sollte es uns wirklich an Mitteln fehlen? Niemals! Wenn jeder seine fünf Brote und zwei Fische dazugibt, werden wir sogar noch zwölf Körbe übrig haben. Es ist ja eine alte Tatsache, daß Gott sein Reich nicht aus dem Überfluß baut, sondern eben mit den Broten und Fischen."

Der Frühling 1971 ließ lange auf sich warten. Die Nebel schlichen immer noch um die Hügel des Appenzellerlandes. Doch Woche für Woche sah man Ernst Tanner in seinem Peugeot von Trogen in Richtung Altenrhein fahren. Er stieg am Flugplatz aus, holte zuerst tief Luft, streckte sich tüchtig und schritt dann feierlich zum Flugplatzgebäude. Jede Flugstunde kostete ihn nicht nur ein gutes Maß an Nerven, sondern erforderte äußerste Selbstbeherrschung. Kam er nach zwei oder drei Stunden wieder nach Hause, forschte Hedi in seinem Gang, in seiner Haltung, in seinem Gesicht, ob der Flugunterricht geklappt hatte: „Wie war's heute?" Wenn keine Antwort kam, versuchte sie nochmals: „War der Lehrer zufrieden?" Ernst setzte sich an den Stubentisch, schaute in die noch kahle Welt hinaus, seufzte müde: „Auf dem Boden fühle ich mich entschieden besser als in der Luft! — Ist das ein Krampf, diese Landungen! Immer hat er was zu meckern und zu spötteln. Wenn ich nicht wüßte, weshalb und wofür ich lerne, würde ich aufgeben. Jedesmal, wenn ich im „final" bin und eine Glissade ziehen muß, ruft er „Herr Tanner, sitzen Sie nicht so steif und schief am Steuer! Der Anflugwinkel! Das war nichts . . ." Dann wieder flog ich zu tief über die Häuser, oder die Kurve war nicht genau, wo er sie haben wollte . . ." Hedi wußte kaum, wie sie ihren sonst so energischen Mann trösten sollte. Jede Flugstunde war ihm ein Alptraum. Sogar im Schlaf verfolgte ihn die kleine rote

Piper. Einmal erwachte er nach einem „Absturz" schweißgebadet und stöhnte.

„Wenn das Wetter heute klar genug ist, wirst du etwas erleben, Hedi. Ich werde eine Runde über unserem Haus drehen." Das war ein vielversprechender Fortschritt. Mit frischem Mut fuhr Ernst los. Wirklich, kaum eine halbe Stunde später vernahm Hedi das bekannte Brummen am Himmel. Mit klopfendem Herzen stellte sie sich mitten auf die Spielwiese und schwenkte ihr rotgetupftes Kopftuch. Langsam näherte sich die kleine Piper. Der Gedanke, daß ihr Ernie dort hoch in der Luft die Maschine lenkte, faszinierte sie unerhört. Nun drehte er das Flugzeug in einen leichten Bogen. Sicher schaute er herab. „Richtig, er hat mich gesehen, sanft neigt er die Maschine nach rechts, dann nach links, noch einmal rechts, noch einmal links. Auf diese Weise grüßen die Piloten. Das hat er mir erklärt. Ernie ist Pilot. Ich kann es nicht fassen!" Noch lange stand Hedi auf der Wiese und versuchte, diese neuen Tatsachen in ihr Leben einzuordnen. Es war nicht die erste Überraschung, die sie in den 13 Jahren ihrer Ehe erlebt hatte. Sie nahm sie vorläufig zur Kenntnis; doch die Konsequenz konnte sie noch nicht ahnen.

Ernst hatte den Anfang gewagt. Unbeirrt verfolgte er nun das Ziel. Noch vor den Kinderfreizeiten, die in den Sommerferien stattfinden sollten, reiste er nach Amerika. „Papa wird euch einen echten Helikopter heimbringen!" lachte er zum Abschied. Wie er das anstellen wollte, war sein Geheimnis.

Es dauerte wohl einige Wochen; aber die siegreiche Nachricht kam — per Telefon. Begeistert, atemlos vor Aufregung meldete sich Ernst: „Hallo Hedi, mein Fraueli! Ich hab eine Maschine gefunden, eine wunderbare Gelegenheit. Eine BELL 47J, vier Plätze, rot und weiß. Bis 31. Juli müssen wir eine Anzahlung von 25 % des Verkaufspreises machen. Das werden wir schaffen. Gott wird helfen. Unsere Freunde in der Schweiz werden helfen. Bist du noch da,

Hedi? Was sagst du dazu? Phantastisch, nicht wahr? Nun werde ich alles für die Fracht organisieren, und dann komme ich heim. Mein Liebes, es kommt schon in Ordnung! Mach dir keine Sorgen!“

Immer wieder mußte er seiner Frau Mut machen, wenn sie seinem Enthusiasmus ein wenig nachhinkte. Wäre es nur Enthusiasmus gewesen, hätte er all den kommenden Ärgernissen, Schwierigkeiten und Hindernissen nicht standgehalten. Aber mit unerschütterlichem, kindlichem Vertrauen in seinen Gott überwand er eine Klippe nach der anderen.

Nach seiner Rückkehr mußte zunächst die Flugprüfung absolviert werden. Es galt, noch einmal auf die Zähne zu beißen. Als Ernst am 22. Juli am Flugplatz Altenrhein ankam, fühlte er sowohl die Spannung des vor ihm liegenden Examens als auch die erwartungsvolle Neugier, wie Gott heute helfen würde. Diesmal stieg er mit dem Prüfer in die Maschine; den Fluglehrer und seine spitzen Bemerkungen ließ er auf dem Flugfeld zurück. „Nun, Herr Tanner, wir machen zusammen einen wunderschönen Flug. Das Wetter ist ja ganz auf Ihrer Seite.“ Und so war es! Zum ersten Mal fühlte Ernst Freude, Sicherheit, Befriedigung. Die Orientierung fiel ihm leicht. Der Prüfer unterhielt sich zwanglos und freundlich mit dem Prüfling, als ob sie sich auf einer Autofahrt befänden. Was Ernst erwartet hatte, erschien ihm doch wie ein großes Geschenk: Er hatte die Prüfung mit Erfolg bestanden.

Auch die zweite Prüfung bestand er siegreich: Die Anzahlung für den Helikopter konnte pünktlich geleistet werden. Gott hatte eine Idee ins Rollen gebracht, und nun folgte ein Schritt dem nächsten. Kaum waren die Ferienlager vorbei, reiste Ernst nach Bern, um auf Helikopter umzuschulen. In Herrn Demuth von der Helikopterfirma hatte er einen kompetenten Fluglehrer gefunden. Vormittags eine Stunde, nachmittags eine Stunde — Ernst konnte gar nicht genug bekommen. Endlich spürte er, wie er seinem Ziel und Auftrag näherkam. Bald kannte er alle Hügel und Täler, Dörfer,

Flüsse, Straßen und Brücken rings um den Flugplatz Belp. Täglich studierte er sie aus der Vogelperspektive. Es vergingen keine drei Wochen, bis er die Helikopter-Lizenz in der Tasche hatte. Ein Kurs für Radiotelephonie folgte (Flugfunk). Wenn man fliegen will, muß man sich vom Flugzeug aus mit den Flugplätzen verständigen können. Man muß die Flugsprache beherrschen, allem voran das Flugalphabet. Von nun an wurde geübt, wenn die Tanners im Auto fuhren. Die Autokennzeichen der entgegenkommenden Zürcher hießen nun: Zulu Hotel. — Auch die Kinder machten mit. „Da kommt ein Thurgauer!" — „Tango Golf!" rief Immanuel. „Prima!" rühmte der Vater. „Du kannst auch bald fliegen." — „Ja, auf die Nase."

Unterdessen war der Helikopter auf dem Meer unterwegs. Die Formalitäten für Zoll und Einfuhr verschlangen Berge von Papier, Stunden am Telefon, Kilometer im Auto. Tapfer nahm Ernst eine Hürde nach der andern — oft stöhnend, verärgert, aber auch freundlich und geduldig. Die Beamten in Bern konnten gar nicht begreifen, daß jemand einen Helikopter kaufte und doch so naiv war, daß er von Fachausdrücken nicht die leiseste Ahnung hatte. Worte wie 300-Stunden-Kontrolle, Außenlandebewilligung, schweben, abheben, Autorotation, Drehzahlverlust, Flight Manual, Flair, Lufttüchtigkeitsnachweis, Flugreisebuch waren ihm bis dahin ganz fremd gewesen.

Endlich war die Maschine bei der Helikopterfirma in Belp angekommen und zusammengebaut. Nun mußte sie einen Namen bekommen, ein paar Buchstaben, die auf den Schwanz gemalt wurden. Darüber hatte das Luftamt zu befinden. Es nannte den Heli „HB-XDK", Hotel Bravo Xray Delta Kilo.

Kapitel 12

Der erste Flug

Ernst Tanner berichtet: „Die Nachricht, daß unser Heli in Kloten eingetroffen war, löste bei uns großen Jubel aus. Nicht schnell genug konnten wir nach Zürich fahren, um den noch zerlegten und in Plastik gewickelten Helikopter zu bewundern. Am liebsten hätten wir ihn gleich nach Hause mitgenommen. Zuerst mußte er aber zur Heliswiss nach Bern, die aus den verschiedenen Teilen einen richtigen Helikopter baute.

Bald war es soweit. Da stand der Prachtvogel zum Fliegen bereit. Aber ausgerechnet bei diesem Typ sitzt der Pilot allein vorne in der Mitte, die drei Passagiere hinten. Das nahm ich zuerst als bedeutungslos zur Kenntnis. Als es aber darum ging, den schmucken Vogel zu fliegen, wurde mir plötzlich bewußt, daß ich diese mir noch fremde Maschine ohne Instruktor an meiner Seite einfliegen mußte. Ich hatte gerade in 30 Stunden meine Helikopter-Prüfung gemacht und sollte nun als frischgebackener Anfänger mit dieser Maschine in die Lüfte steigen!

Immer stärker wurde mein Herzklopfen. Die Steuerung war im Prinzip dieselbe wie bei der Schulungsmaschine. Aber die Plazierung der Instrumente war etwas anderes. Unter den kritischen Blicken meines Fluglehrers und des Personals der Heliswiss schnallte ich die Sitzgurte fest. Ich versuchte so ruhig wie möglich zu wirken, aber in mir zitterte alles, und mein Herz klopfte bis an die Ohren hinauf. Der Motor sprang knatternd an, der Rotor kam in Bewegung. Die große Mutprobe begann.

Kaum hatte ich die Maschine in der Luft, schoß sie mit überraschendem Tempo nach vorne und in die Höhe. Eine tiefe Wolkendecke lag über dem Flugplatz. Ich war auf die bedeutend schnellere Flugeigenschaft dieser Maschine nicht vorbereitet und daher recht erschrocken. Alles ging so schnell. Plötzlich, ich war kaum gestartet, rasten die unteren Wolken auf mich zu, und ich versank in weißem Nebel. Panikartig drückte ich den Stick nach vorne. Die Maschine reagierte sofort und warf sich in einen Sturzflug. Sogleich sah ich wieder Land unter mir, und mit demselben Tempo ging es nun auf die Bauernhöfe zu. Ich riß die Maschine also hoch und war gleich wieder im Nebel. So ging es noch einige Male, bis ich das verrückte Ding endlich in den Griff bekam. Und diese unbändige Maschine sollte ich nach Afrika fliegen? Mir schauderte. Nicht schnell genug konnte ich zur Heliswiss zurückfliegen und hoffte, daß es bei der Landung ohne Überraschung gehen würde. Es ging tatsächlich gut. Als ich wieder auf den Füßen stand, bebte der Boden unter mir.

Ein paar Tage später war es soweit: Ich durfte unsere HB-XDK nach Trogen fliegen. Mein Mitarbeiter Marcel Gasser und ich fuhren mit der Bahn nach Belp. Seine Gelassenheit war beruhigend. Wie froh war ich, dieser neuen Mutprobe nicht allein begegnen zu müssen.

Schön sah sie aus, unsere Maschine. Blitzblank und vollgetankt stand sie vor dem Hangar. Nur der Pilot fehlte. Mit Spannung machte ich die Kontrolle an der Maschine und verabschiedete mich von meinem Fluglehrer, Herr Demuth, als würde ich zu einem routinemäßigen Übungsflug starten. Dabei kribbelte es ganz schön in meiner Magengegend. Der Tower gab uns Starterlaubnis. Diesmal hielt ich die Zügel von Anfang an fest in der Hand und ließ die 240 Pferde nicht mehr davonrasen.

Der Winter hatte seit dem letzten Flug alles in Weiß gehüllt. Die Welt sah plötzlich ganz anders aus. Es war ein kalter Tag. Wir waren kaum einige Kilometer von Belp in Richtung Trogen geflogen, da bemerkte ich das Aufleuchten der Warnlampe für Vergaservereisung. Behutsam schob ich den Hebel der Vergaservorwärmung nach unten. Bei plötzlichem Erwärmen könnten sich Eisteilchen lösen und den Treibstoffzufluß zum Vergaser blockieren. Das wußte ich noch von der Flächenfliegerei. Meine Augen fixierten das Warnlicht, das einfach nicht verlöschen wollte. Ich schob mehr an der Heizung, aber die Lampe brannte unbarmherzig weiter. Ein Gefühl von Panik wollte mich erfassen. Ich drehte vom Kurs ab und flog einen Kreis, um eventuell nach Belp zurückzufliegen. Wo waren wir eigentlich? Wir hatten uns so sehr auf die Vergaserheizung konzentriert, daß wir die Orientierung verloren hatten. Daß ausgerechnet jetzt alles verschneit sein mußte! Sogar die Straßen waren kaum erkennbar.

Ich schob weiter an dem Heizungshebel, aber das Warnlicht ging nicht aus. Es starrte mich an, als wollte es sagen: „Du hast noch ein paar Minuten Zeit, dann stellt sich der Motor ab!" Die Angst lähmte meine Gedanken und Bewegungen. So schnell wie möglich zum Flugplatz zurück! Aber wo war er? Hinter uns, vor oder neben uns? Während ich über Funk den Flugplatz aufrief, versuchten wir herauszufinden, in welcher Himmelsrichtung Belp liegt. Ich meldete dem Tower meine Panne in einem Ton, als wären wir schon fast unter der Erde. Wir erhielten sofort Landeerlaubnis, aber: wo sollten wir landen?

Die Lampe schien immer heller zu leuchten. Endlich, da kamen Dörfer, der Belpberg und der ersehnte Flugplatz in Sicht. Ob es noch reichen würde? Ja, es reichte bis zum Flugplatz. Herr Demuth stand empfangsbereit und mit ihm einige Mechaniker.

„Was ist los?" fragte er mit besorgter Stimme. „Ja, warum haben Sie den Hebel nicht einfach ganz hinuntergedrückt?" fragte er vorwurfsvoll. „Das ist doch kein Grund, in die Hosen zu scheißen!" Mit diesen Worten schickte er mich gleich wieder in die Luft, nachdem er die Heizung mit einem Ruck geöffnet hatte und das entsetzliche Leuchten fast augenblicklich verschwunden war. Das ging natürlich gegen alle Regeln und Vorschriften, die ich beim Flächenflug gelernt hatte. Aber dies war eben ein Hubschrauber, und den mußte ich noch mit viel Zittern und Beben kennenlernen.

Trogen war leicht zu finden. Ich drehte zuerst eine weite Kurve über unserem Haus und setzte dann zur Landung an — die historische erste Landung hinter unserem bescheidenen Haus. Da standen sie alle bereit, Hedi und die Kinder, um den ehrwürdigen Vogel in Empfang zu nehmen. Das erste Kapitel der Helimission war geschrieben.

Kapitel 13

Mit Benzinbüchlein bezahlt

Für Ernst und seine Familie begann ein neuer Lebensabschnitt. Es war, als hätten die vergangenen vierzig Jahre nur dem einen Zweck gedient, sie vorzubereiten, auszubilden für die Aufgabe, die Gott ihnen nun zugewiesen hatte. Ernst sagte immer wieder, daß Gott für eine spezielle Aufgabe nicht Spezialisten aussuchte, weil Spezialisten alles besser wüßten. Und er war überzeugt: „Gott hat halt keinen Dümmeren gefunden, darum hat er mich genommen."

Sechs Wochen lang stand der Helikopter hinter Tanners Haus, wenn er nicht gerade wegen einer Panne wieder in Belp war. Mit Trainingsflügen schockierte Ernst die einen und erfreute die anderen Nachbarn, je nachdem, ob sie einmal mitfliegen konnten oder nicht.

Es war Weihnachtszeit. Statt Vorbereitungen für das Fest zu treffen, studierte Ernst die Landkarte. Stundenlang brütete er über dem Mittelmeer und Nordafrika, maß Distanzen, rechnete Flugzeiten aus und wog die Möglichkeiten gegeneinander ab. Er fragte nicht die Spezialisten; er fragte seinen Gott. Er benötigte Bewilligungen für Überflug und Landung, Informationen über Flugplätze und Flugbenzin ... Marcel war ihm ein stets gegenwärtiger, bereitwilliger Helfer und Berater. Seine Schreibmaschine klapperte stundenlang und spuckte Brief um Brief heraus: Dankes-, Informations-, Erklärungs-, Rechtfertigungs-, Bettelbriefe ...

Nicht nur in Trogen wurden Vorbereitungen getroffen, auch in Kamerun planten die verschiedenen Missionen. Da war die Norwegisch Lutherische Kirche, die Apostolic Church, die Basler Mission, die Presbyterianer: sie alle erwarteten den Helikopter für Februar und März, um während dieser Trockenzeit mit vielen eingeborenen Evangelisten in abgelegene Busch- und Bergdörfer auszuschwärmen, dort den erwartungsvollen Zuhörern zu dienen und dann vom Heli wieder zurückgeholt zu werden. In speziellen Unterrichtsstunden wurden gläubige Schwarze dazu ausgebildet. Eine gespannte Erwartung verband Trogen mit Kamerun. Es war ein Wagnis — ein Wagnis des Glaubens.

In dieser fragenden und erwartenden Haltung gegenüber Gott begann Ernst das neue Jahr. Was würde es bringen? Er hatte an all seine Freunde einen Brief gesandt mit der Nachricht vom bevorstehenden Einsatz, mit einem „Benzinbüchlein" — Einzahlungsscheine, mit denen man Flugbenzin spenden konnte — und der herzlichen Bitte, in seiner Abwesenheit an seine Familie zu denken. Für finanzielle Sorgen hatte er keine Zeit; die überließ er seinem Vater im Himmel.

Am Morgen des 17. Januar war die Tanner-Familie mit allen Mitarbeitern in der Stube versammelt. „Heute startet der kleine Heli zur großen Reise", begann Ernst, „wir werden uns, wenn immer möglich, jeden Abend melden, zuerst per Telefon, dann per Telegramm. Die Möglichkeiten sind beschränkt. Wir glauben, daß wir durch die Wüste nach Kamerun kommen. Wie — das werden wir an Ort und Stelle sehen. Wir wollen jetzt zusammen beten und werden uns jeden Morgen vor Gottes Thron treffen. Abgemacht?" Er betete.

Der Heli stand hinter dem Haus im Schnee bereit. Vor dem Abflug ging Ernst gewissenhaft Punkt für Punkt der üblichen Kontrolle durch. Ernst und Marcel stiegen ein, der Motor sprang an, die großen Rotorblätter setzten sich in Bewegung, drehten sich schneller und schneller; sanft hob der

Heli ab, schwebte einen Moment knapp über dem Boden, wirbelte Schnee auf, gewann Geschwindigkeit, zog zum Abschied einen großen Kreis über den Zurückgebliebenen und verschwand am westlichen Horizont.

Am 10. Februar schrieb Hedi an die Freunde, die sie unterstützten:

„Liebe Freunde, so gerne ich es tun möchte, ist es mir doch nicht möglich, jedem einzelnen zu schreiben. Mein Dank soll aber auch in dieser Form sehr persönlich und herzlich sein. Die beiden Missionspioniere sind nach etwas mehr als zweiwöchigem Flug durch die riesigen Felsen- und Wüstengebiete der Sahara am 2. Februar mittags 12 Uhr in Kamerun gelandet. Von den geplanten Einsätzen dort habe ich bis jetzt noch keine Nachricht bekommen. Es wird dort sein wie zu Hause: keine Zeit zum Schreiben. Indem ich noch einmal für die Benzinopfer sowie für die Spenden an die Zurückgebliebenen herzlich danke, grüße ich in steter Fürbitte

Hedi Tanner."

Und wenig später:

„Liebe Freunde, von den verschiedenen Busch-Einsätzen habe ich erfreuliche Nachrichten bekommen. In jedem Brief betont mein Mann, daß er in allem so ganz von Gott abhängig und auf eure Gebete angewiesen sei. Er ist voll Lob und Dank über das, was er erlebt. Mit dem Fliegen habe er große Fortschritte gemacht. Gewöhnlich fliegt er nach Kompaß und trifft die jeweiligen Ziele überraschend gut. Auch mit dem Flugbenzin hat es geklappt. Sie waren bis jetzt in vier Gebieten Ostkameruns stationiert, von wo aus die abgelegenen Dörfer angeflogen werden. Die verschiedensten

Opfergaben wurden ihnen überreicht: Hühner, Früchte, Ziegen, ein Kreuz aus Blumen, sogar zwei lebendige Krokodile. Vom 6. März an werden sie zusammen mit Otto Tanner von Westkamerun aus andere vernachlässigte Dörfer besuchen. Am 20. März starten sie zum Rückflug. Ich bitte euch, in dieser Zeit ernstlich für sie zu beten. Mit herzlichem Dank für alle Spenden verbleibe ich mit lieben Wünschen

Hedi Tanner.“

Kapitel 14

Ich habe Angst

Die Schwierigkeiten ließen nicht auf sich warten. Gleich hinter Belp verhüllten tiefhängende Wolken die Sicht. Ernst folgte einer Eisenbahnlinie im Schwarzenburgertal, bis diese plötzlich im Berg verschwand. Er drehte ab und suchte durch eine Wolkenlücke aus dem Tal zu entkommen. Es war schwierig, sich zu orientieren, die Täler und Dörfer sahen sich alle so ähnlich. Schließlich landete er auf einer Wiese und erkundigte sich bei den erstaunten Bauersleuten, wo er denn sei. — Er war immer noch in der Schweiz und hatte sich schon verirrt! Wie sollte das erst in der Wüste werden? Darüber sorgten sich Ernst und Marcel vorläufig nicht. Ihre nächste Sorge war, nach Genf und von dort durchs Rhonetal hinunter ans Mittelmeer zu gelangen.

Vorsichtshalber flogen sie erst einmal talabwärts und folgten dann der Autobahn — so tief, daß sie die Schilder lesen konnten. Plötzlich stieß Marcel einen Schrei aus. Ernst hatte die Maschine aber schon hochgerissen. Beide sahen gleichzeitig mit Entsetzen eine Hochspannungsleitung aus dem Nebel auftauchen. Knapp ging‘s hinüber, während Marcel sich zum Fenster neigte, um sich zu vergewissern, daß das Landegestell nicht am Drahtseil einhakte. So folgte eine Aufregung der nächsten.

Im Flughafen Cointrin wurde aufgetankt, kurz nach Hause telefoniert, und weiter ging‘s südwärts. Je mehr sie sich dem Meer näherten, desto stärker wurden die Windstöße. Sie lernten den Mistral kennen. Sie hatten vor, in Perpignan wieder aufzutanken. Verbissen saß Ernst am Steuer, mit Händen und Füßen beschäftigt, den hüpfenden, wildtanzenden Heli im Zaum zu halten. Die Gewalt der Böen hob ihn unvermutet in unendliche Höhen — so schien es ihnen —, um ihn wieder in ein bodenloses Luftloch fallen zu lassen. Die Rotorblätter ratterten und wackelten so entsetzlich, daß Marcel fürchtete, sie könnten den gewaltigen Druck nicht ertragen. Sie sprachen kein Wort. Ihre Konzentration galt der Flugrichtung. Ernst folgte der Küste und hoffte, dort etwas ruhigere Verhältnisse zu finden. Gefehlt! Es wurde immer schlimmer. Er versuchte, in Bodennähe zu fliegen. Auch hier wurde der Heli geschüttelt und umhergeworfen. Schließlich blieb Ernst nichts anderes übrig, als den Heli sorgfältig auf einem halbverschneiten Ackerfeld aufzusetzen, den Flugplatz anzurufen und bessere Wetterverhältnisse abzuwarten.

Der Flug entlang der spanischen Küste wurde zu einem eindrücklichen Erlebnis. Der Blick — rechts bis weit ins Land hinein, links bis zum fernen Horizont, wo Himmel und Meer sich grüßten —, der den beiden unerfahrenen Fliegern hinter der kugeligen Plexiglasscheibe eine unvergleichliche Rundsicht bot, gab ihnen etwas von der anfänglichen Ruhe und dem frischen Mut zurück. Sie überflogen eine Meeresbucht nach der anderen, während Marcel anhand der Karte, die er vor sich ausgebreitet hatte, die Ortschaften identifizierte und den vor ihm sitzenden Piloten ab und zu mit Dörrfrüchten fütterte. „Meine Damen und Herren, wir treffen in Malaga ein.“ — „Schon recht“, erwiderte Ernst, „nur gut, wenn wir endlich nach Gibraltar und rüber nach Afrika kommen. Ich habe langsam genug von diesem vielen Wasser.“ Sie meldeten sich im Kontrollturm des Flugplatzes von Malaga. Der Fluglotse begrüßte den Schweizer Helikopter und erinnerte den Piloten, daß er ab jetzt wegen einer militärischen Sperrzone sieben Meilen von der Küste enfernt fliegen müsse. „Das hat gerade noch gefehlt!“ hörte Marcel im Kopfhörer. Es war Ernsts Stoßseufzer. Nun begann wieder eine kritische Etappe. Ernst nahm Kurs aufs offene Meer. Sieben Meilen ist eine recht große Entfernung vom Land. Nur wenn man sehr hoch fliegt, kann man die Küste sehen. „Wir fliegen 190 Grad, Marcel, miß schnell nach, ob wir so Marrokko erreichen, direkt gegenüber Gibraltar!“ — „Es sind 156 km Luftlinie. Da unten fährt ein Schiff. Ob wir nicht besser einen Bogen fliegen, parallel zur Küste? Den Felsen von Gibraltar werden wir von weitem sehen und uns daran orientieren.“ — „Gut, mach deine Augen weit auf und bete, daß wir nicht dran vorbei in den Atlantik hinaussteuern.“ Dann hörte man nur noch das ohrenbetäubende, ermüdende Rattern des Rotors. Die Sicht wurde zunehmend schlechter, die Wolken hingen tiefer, und der kleine Heli streckte seine Nase immer mehr den weißen Wellenkronen entgegen.

An der nordafrikanischen Küste wartete eine neue Schreckensstunde auf die zwei Männer. In Tetouan, dem ersten Flugplatz auf afrikanischem Boden, kam die große Enttäuschung: „Wir haben heute kein Flugbenzin. Fliegen Sie nach Al Hoceima. Es liegt kaum eine Stunde entfernt.“ Ernst und Marcel schauten einander an, dann die Benzinuhr. „Wird es reichen?“ — „Es wird knapp werden.“ — „Wir müssen weiter, niemand bringt uns Flugbenzin an diesen verlassenen Ort.“ Nachdem sie alle erdenklichen Möglichkeiten abgeklopft, mit den wenigen Angestellten auf dem Flugplatz lange überlegt und zu guter Letzt noch etwas Trinkbares erstanden hatten, kehrten sie zum Heli zurück.

Sie stiegen ein und blieben einen Moment still. „Soll ich es wagen, Herr?“ Ernst schnallte sich an, setzte den Kopfhörer auf. „Wir starten“, hörte Marcel ihn sagen. Gleichzeitig setzte der Motor ein, und der rotgestreifte Vogel erhob sich. Schnell erreichten sie die Küste. Das Meer war friedlich und blau. Weiß schäumend brachen sich die Wellen am steilen Ufer. Ernst dachte an zu Hause. Er war nun schon eine

Woche unterwegs. Ob Hedi das letzte Telegramm erhalten hatte? Sie wird sich doch keine Sorgen machen! Es ist aber gut, daß sie nicht alles weiß ...

Ernst konnte seinen Gedanken jetzt nicht nachhängen. Er mußte sich konzentrieren. „Wie weit ist es noch bis Al Hoceima?" — „Wir haben ungefähr die halbe Strecke." — „Ist das eine öde Gegend! Da ist keine Straße, kein Haus, nichts Lebendiges!" — „Doch — schau hinunter!" Was bewegte sich da im Wasser? Ernst sank leicht ab, um es besser sehen zu können. Tatsächlich: vor ihnen schwammen zwei mächtige Fische. In rasendem Tempo glitten sie durchs Wasser. Instinktiv schaute Ernst auf die Benzinuhr. Nur jetzt nicht notlanden! Rechts Felsenküste, links Wasser mit Haifischen. Er gab Gas. „Wir müssen die Stadt bald sehen können. Der Most geht uns sonst aus." Beide suchten verzweifelt den Horizont ab: Berge, Hügel, Felsen und Meer. „Mein lieber Heli, zeige jetzt, was du kannst! Bring uns ans Ziel!" Gleichmäßig brummte der Motor, langsam schwand die Küste unter ihnen. Ihre Augen brannten vor Anstrengung, und Ernst schwitzte vor Aufregung. Nur jetzt den Mut und den Kopf nicht verlieren! Die Haifische sollten sich einen anderen Braten suchen! Mit den letzten vier Gallonen landeten sie um 11.06 Uhr auf dem kleinen Flugplatz Al Hoceima ...

Nach dem schönen Flug entlang der algerischen Küste nach Oran folgten Kälte und Schnee bei der Überquerung des Atlasgebirges. Aber auch diese Strapazen konnten die Pioniere nicht von ihrem Ziel abbringen. Nach drei Tagen erreichten sie das Herz der Sahara: Tamanrasset. Nach Stunden anhaltender Konzentration in der brütenden Hitze der Plexiglaskuppel konnte Ernst den braven Vogel endlich auf dem Wüstenflugplatz abstellen. Erleichtert stiegen beide aus, streckten die steifen Glieder und sahen sich erst ein wenig um. Ein Flugzeug war gerade gelandet; eine kleine Schar Passagiere war ausgestiegen, durch ein Tor im Flugplatzgebäude verschwunden — und nun?

Ernst sammelte seine Gedanken, betrachtete den Heli, überlegte einige Augenblicke. „Eigentlich wäre jetzt eine 25-Stunden-Kontrolle fällig. Ob mir noch einfällt, wie das gemacht wird?" Er bückte sich leicht und blickte unter den Bauch des Heli. „Richtig, jene große Schraubenmutter müßte ich lösen. Dazu bräuchte ich einen Schlüssel, auch einen Eimer . . ." Suchend sah er sich um. Kein Mensch war zu sehen. Was nun? Sinnend ging er einige Schritte hin und her. „Herr Jesus, ich bin mitten in der Wüste. Hilf mir bitte." Dann schaute er wieder auf. In einiger Entfernung saß ein Mann auf einem Zaun, direkt in seiner Blickrichtung. Er ging auf ihn zu, grüßte ihn und fragte, ob er wisse, wo man hier einen Eimer und einen großen Schraubschlüssel auftreiben könne. Der Mann streckte sich und stieg von seinem Sitz herab. „Nun", sagte er, ebenfalls auf englisch, „wozu brauchst du einen Eimer?" — „Ich bin der Kapitän jenes Helikopters und muß eine 25-Stunden-Kontrolle machen." Jetzt kam Leben in den Unbekannten. Interessiert fragte er: „Was hast du denn für einen Motor?" — „Einen Lycoming." — „Das ist ja großartig. Ich bin Lycoming-Mechaniker und arbeite hier für eine Ölfirma." Er war schon unterwegs, das Gewünschte zu holen. „Woher kommst du? Aus der Schweiz? Ich bin Amerikaner. Hier hast du Werkzeuge. Soll ich ein wenig helfen?" Ernsts Herz hüpfte vor Freude. Noch immer unsicher, staunte er den Mann von der Seite an. War er wirklich ein Mechaniker oder vielleicht ein Engel? Weshalb hatte er denn dort auf dem Zaun gesessen? Hatte Gott ihn dorthin beordert, um Ernst aus seiner Verlegenheit zu helfen? Während Ernst und Marcel zuschauten, wie der Mann mit so selbstverständlichen Handgriffen die Kontrolle durchführte, erinnerte sich Ernst ganz genau an jeden einzelnen Punkt, den er in Belp bei der Helikopterfirma gelernt hatte. Das war wohl das eindrücklichste und schönste Erlebnis, das er in der Wüste machte.

Nun kam die Organisation des Weiterflugs. Zunächst

suchte er in der Stadt nach einem Fahrzeug, das Benzinfässer transportieren konnte. Als er endlich einen Landrover samt Fahrer gefunden hatte, kam der zweite Teil, die Fässer aufzutreiben. Nach zwei Tagen war es soweit. Der Fahrer fuhr in der Nacht die vorgeschriebenen Kilometer voraus, um dann am nächsten Tag den Helikopter zu erwarten, der aus den Fässern den Tank und die mitgeführten Kanister füllte — Treibstoff genug, um nach 350 Kilometern ein zweites Mal aufzutanken und dann den 970 km entfernten Flugplatz Agadez zu erreichen. Es war jedesmal ein Wagnis, ob er den Landrover finden würde oder nicht. Und er fand nicht nur den Landrover, er fand auch den Weg durch die unendliche Sahara, die richtige Spur aus den vielen Spuren im Sand.

Von Agadez aus wollte er kein Telegramm nach Hause schicken. Es würde bestimmt nicht vor ihm ankommen. Er setzte seine Reise fort und erreichte noch am selben Tag Zinder, eine Stadt im Süden von Niger, in der er in späteren Jahren noch sehr unangenehme Erfahrungen machen sollte. Für dieses Mal übernachteten Ernst und Marcel in einem einfachen Hotel. Sie erwachten früh, und während die Stadt noch im Dunkeln lag und schlief, begaben sie sich ohne Frühstück zum Flugplatz, um beim ersten Morgendämmern zu starten. Endlich würden sie nach Nigeria und wieder in bewohntere Gebiete gelangen. Hier gab es Flüsse, Straßen, Dörfer, ja sogar Eisenbahnen, an denen man sich orientieren konnte. Die große Spannung ließ nun etwas nach. Am 1. Februar erreichten sie in Calabar den Atlantik, umflogen den 4000 m hohen Berg Kamerun und landeten um 15:38 auf dem internationalen Flugplatz in Douala. Ihr Ziel, die Hauptstadt Yaounde, flogen sie am nächsten Tag an. Insgesamt waren sie 16 Tage — oder 62 Stunden und 41 Minuten — in der Luft gewesen.

Kapitel 15

Es hat sich gelohnt

Ernst sandte ein Sieges-Telegramm nach Hause. Er hatte geschafft, was ihm selbst unvorstellbar vorgekommen war. Seine Art, die Dinge von der praktischen Seite her anzupacken und die Theorie andern zu überlassen, hatte ihm geholfen, scheinbar unüberwindbare Hindernisse zu bezwingen. Nun sollte sich zeigen, was dieses neue Werkzeug für die Missionare bedeuten würde.

Ernsts Freund, der norwegische Missionar Björn Bue, hatte für ihn die Flugbewilligung eingeholt, und zusammen gingen sie nun daran, das Programm zu realisieren, von dem Björn so lange geträumt hatte. Sie überflogen den immergrünen Urwald, diese undurchdringliche Wildnis, fanden die kleinen Dörfer an der Grenze zu Gabon, predigten und verkündeten die Frohe Botschaft. Sie fanden viele aufmerksame Zuhörer, die überall zusammenströmten, wo der Heli landete. Sie verbanden Wunden, gaben Anweisungen für Pflanzungen, für Hygiene, waren unterwegs von morgens bis abends. Ernst lernte Kamerun in den sechs Wochen seines ersten Helikoptereinsatzes kennen wie nie zuvor.

Die zweite Hälfte seines Aufenthaltes verbrachte er mit Otto Tanner, seinem Cousin, Missionsleiter in Kumba. Unter anderem flogen sie nach Ngwandi, einem Dorf hoch in den Bergen, zu dem sie schon 1969 miteinander marschiert waren. Während sie in kurzem Flug die Täler überquerten, schauten sie hinunter auf die steilen Berghänge. Die Buschpfade führten nicht wie bei uns in gemütlichem Zickzack den Berg hinauf, sondern strebten schnurstracks dem Gipfel oder Grat zu. Wie hatten sie damals geschwitzt und geseufzt und geschleppt und gedurstet! Welch ein Unterschied zwischen diesem kurzen Flug und jenem sechsstündigen Marsch! Diesmal kamen sie fröhlich und munter an, sprachen zu den Dorfbewohnern, hörten ihre verschiedenen Probleme an und halfen mit Rat und Tat. Sie predigten das Evangelium und kehrten am selben Tag auf die Missionsstation in Kumba zurück.

Marcel, Ernsts treuer Begleiter, war entweder mit der Notapotheke unterwegs, um eiternde Wunden auszuwaschen und zu verbinden, oder stand mit der Filmkamera bereit, um die wichtigsten Erlebnisse später den Freunden in der Schweiz zeigen zu können. Er war es auch, der einige Sätze aus der Sprache der Einheimischen aufschnappte und zum Besten gab. Als er nämlich in Ottos Haus den schwarzen Koch filmen wollte, rief Otto: „You be tie your face proper so (Mach nicht so ein langes Gesicht). As you tie face proper so, I sabi say you be no save man at all. (Weil du ein so langes Gesicht machst, weiß ich, daß du nicht gerettet bist.)“ Eine Kamera ist für Schwarze eine ernste Angelegenheit, und wenn sie fotografiert werden, wirken sie geradezu feierlich!

Auch die folgenden Aussprüche erlebten Ernst und Marcel tagtäglich mehrmals an sich selber: „Today it be hot plenty pass number.“ (Heute es sein heiß viel über Zahl.) „Me I get longer throat pass you all.“ (Ich habe mehr Durst als ihr alle . . .)

Im Leben der Afrikaner ist für Lachen und Späße nicht viel Raum. Der Lebenskampf ist zu hart und das Morgen zu unsicher. Wenn man jedoch die fröhlichen Augen in den Gottesdiensten sieht, die klatschenden Hände und tanzenden Füße, wenn man die Lieder hört, die aus befreiten Herzen zu Gott emporsteigen, dann kann man unschwer erkennen, daß eine gewaltige Veränderung in diesen Menschen geschehen ist. Und was durch die Hinwendung zu Jesus Christus innen anders geworden ist, das zeigt sich auch äußerlich: Die Kleidung ist sauberer, die Häuser sind ordentlicher, die Umgebung ist hübscher.

Als es März wurde und die Regenzeit nahte, bereitete Ernst den Rückflug vor. Er unterzog die Maschine einer gründlichen Kontrolle und nahm Abschied von Kamerun.

Am 20. März starteten Ernst und Marcel in Douala und flogen dieselbe Strecke durch die Wüste zurück. Statt über Gibraltar zu fliegen, wählten sie die Route über Tunis — Sizilien — Rom — Genua — Locarno. In der Schweizer Botschaft in Tunis nahmen sie das automatisch aufblasbare Rettungsboot in Empfang, das ihnen dorthin zugesandt worden war. Es war schon ein bedeutungsvoller Augenblick, als der kleine Hubschrauber mit den beiden Schweizern in Schwimmwesten die Nordküste Afrikas hinter sich zurückließ und für eine lange Flugstunde nur Himmel und Wasser sah. Man kann in einer solchen Stunde vielerlei Gedanken nachhängen; man kann aber auch alle Gedanken auf eine einzige Tätigkeit konzentrieren — nämlich das Ziel zu erreichen. Das tat Ernst mit gespannter Ruhe. Er beobachtete seinen Kompaß, horchte auf das Geräusch des Motors, achtete auf Wind und Wellen und fixierte den weiten Horizont. Würde das ein Aufatmen sein, wenn aus dem Dunst endlich ein Landstreifen auftauchte! Und er tauchte auf. Jetzt gab es wieder Gesprächsstoff. Nach 4 Std. 20 Min. erreichten sie Palermo und am nächsten Tag ohne Schwierigkeiten Rom.

Als sie am 31. März mit Ziel Genua wieder über das Meer flogen, begann der Motor plötzlich zu klopfen. Er hustete und röchelte, und der unheimliche Lärm versetzte Ernst in Angst und Schrecken. Flugbenzin war noch genügend da, was konnte nur die Ursache sein? Ernst nahm Funkkontakt mit dem Turm von Genua auf und erklärte sein Problem. „Sie sind nicht mehr weit von Genua entfernt. Wir haben Sie auf dem Radarschirm. Halten Sie direkten Kurs, sinken

Sie leicht ab, bleiben Sie in Kontakt." — „Danke, ich kann schon die Küste sehen." Marcel und Ernst riefen Gott um Hilfe an. Das Stottern wurde immer unregelmäßiger. Jeden Moment konnte der Motor aussetzen. „Hotel Bravo Xray Delta Kilo, geben Sie weiter Ihre Positionen durch! Bleiben Sie in direktem Anflug. Wir halten den Kontrollraum frei für Ihre Landung." Der Mann im Turm machte ihnen Mut und blieb im Gespräch, bis Ernst die Maschine auf sicheren Grund setzen konnte. Er war schweißgebadet, seine Hände naß, sein Herz klopfte bis zum Hals. Er stieg aus. Boden unter den Füßen! „Marcel, wir sind gerettet!"

Es stellte sich heraus, daß der Kontakt von zwei Zündkerzen durch Überhitzung des Motors geschmolzen waren. Zwei der sechs Kolben arbeiteten nicht mehr; deshalb stotterte der Motor.

Am 1. April vormittags um 10 Uhr schellte das Telefon in Trogen: „Hallo, Hedi! Hotel Bravo Xray Delta Kilo ist mit seiner Crew wieder auf Schweizer Boden gelandet. Durch die Gnade Gottes sind Marcel und ich gesund in Locarno angekommen. Wie geht es dir und den Kindern?" — „Wunderbar, deine Stimme zu hören! Es geht uns jetzt sehr gut. Ich habe sogar gestern ein Telegramm aus Oran in Algerien bekommen mit der OK-Nachricht vom 24. Januar. Das war wohl ein Aprilscherz! Das nächste kommt vermutlich im Sommer." Hedi lachte glücklich. „Und wie geht es euch Wüstenfüchsen?" — „Das wirst du sehen, wenn wir erst einmal über den Gotthard sind. Das Wetter macht hier gar nicht mit; aber wir werden es dennoch versuchen. Grüß die Kinder. Heute abend werde ich dich in meine Arme schließen."

Um 13 Uhr kam ein zweiter Anruf: „Da der Gotthard voller Wolken war, versuchte ich über eine Stunde, gegen den Simplon zu fliegen. Es war unmöglich durchzukommen. Ich mußte umkehren. Welche Enttäuschung, so nah und doch so fern!" — Und Hedi mußte nochmals zwei Nächte allein schlafen . . .

Am 3. April wurde dann das Wiedersehen gefeiert. Vier Tage später flog die Maschine nach Belp, wo sie für die Sommermonate gechartert wurde.

Kaum drei Monate waren seit seinem Start in Trogen vergangen. Für die Überquerung der Sahara hatte er 2 x 60 Flugstunden benötigt, um dort in Afrika während 50 Flugstunden Hilfe zu leisten. Lohnte sich dieser Aufwand? Oder inwieweit konnte für die Missionsarbeit überhaupt eine Erfolgsrechnung aufgestellt werden? Nach diesem ersten Einsatz konnte doch nicht die endgültige Abrechnung folgen. Es bedeutete, daß ein Anfang als Markstein eines neuen Abschnittes in der Missionsgeschichte gesetzt wurde . . . Jeder Anfang braucht Investitionen — Investitionen an Zeit, Geld und Kraft . . .

Kapitel 16

Wolf

„Mit der XDK werde ich nie wieder nach Afrika fliegen! Sie ist viel zu schwach. Es war ein Versuch, ein gefährlicher. Ich verdanke es Gott allein, daß er nicht gescheitert ist. Und — daß Gott Gelingen gab, gibt mir die Gewißheit, daß ich auf dem rechten Weg bin. Wir werden einen Jet Ranger anschaffen, Hedi, erschrick nicht! Frag nicht, wie und womit. Ich weiß es noch nicht, aber du wirst es sehen."

Hedi war wirklich völlig sprachlos. Der Jet Ranger, dieser schnittige, orangefarbige Helikopter, war für sie der Inbegriff einer starken, tollen, leistungsfähigen Maschine. Aber für Hedi hatte sie einen sehr großen Nachteil: Sie kostete zu viel Geld!

Es gab jetzt schon genug Neider und Geizhälse, die Ernst mit offener und heimlicher Kritik überschütteten. Es gab auch liebe Warner, die ihm auf die Schulter klopften und fanden, es sei schon recht, ein Abenteuer zu wagen, aber das Geld könne vielleicht anderswo besser angelegt werden. Er solle doch an seine Familie denken. Er werde auch in der Schweiz gebraucht. Ob sich denn solch gewagte Einsätze lohnten?

„Wer ist der flotte Pilot, der eben mit der orangefarbenen Maschine gestartet ist?" fragte Ernst interessiert den Mechaniker. „Er ist aus Samaden, ein gebürtiger Österreicher, in meinen Augen der beste Helipilot, den ich kenne. Er fliegt für einen steinreichen Griechen." — „Das sieht man dem Mann von hinten an. Sein Schritt ist fest und entschieden. Ich mag Menschen, die ihrer Sache sicher sind. Wie der den wilden Heli zahm abgehoben hat! Ein kurzer Schwebeflug, und fort war er!" Ernst träumte vor sich hin: „So ein Jet Ranger ist schon etwas anderes als unsere schwache J. (Jot). Den möchte ich haben." — „Herr Tanner, wenn ich mich nicht irre, ist diese Maschine zu haben." — „Zu kaufen? Wirklich? Kennen Sie die Adresse dieses Mannes? Dürfte ich Sie darum bitten?"

Ernst fuhr nach Hause. In seiner Tasche brannte die Adresse von Wolf Weinlechner in Samaden. Sie brannte ihn fast so sehr wie jene, die ihn damals von zu Hause ins fremde Welschland geführt hatte. Ernst konnte kaum warten, seiner Frau davon zu erzählen. Ob dieser Herr die Maschine auch wirklich verkaufte? Ob sie in gutem Zustand war? Bestimmt. Er hatte sie doch starten sehen — und wie!

Heimkommen, erzählen und telefonieren war eins. „Was hat er denn gesagt?" wollte Hedi gleich wissen. „Er hat halt ein wenig gefragt, wer wir sind und was wir machen, und er werde mit seinem Chef sprechen, er könne nichts selber entscheiden. Sein Chef sei aber nicht da, er komme nächstens aus Griechenland. Er werde dann Bescheid geben, sobald er mit dem Chef gesprochen habe." Es tönte nicht sehr überzeugend, aber es gab ihnen Zeit, die Sache vor Gott zu bringen. Es gab ihnen auch Zeit, ihre Rappen zusammenzuzählen. Für einen Jet Ranger reichten sie nicht; aber vielleicht würde der reiche Mann ein wenig warten können?

Die Tanners waren guten Mutes. Es dauerte auch nicht lange, bis sie von Herrn Weinlechner hörten, daß die Maschine wirklich zu verkaufen sei. Es sei noch ein zweiter Interessent da, aber der Chef würde Ernst gern kennenlernen. Ob Ernst nach St. Moritz kommen könne?

Es war Herbst geworden. Die gute alte XDK (Delta Kilo), die den Sommer in Grönland verbracht hatte, war in die Schweiz zurückgekehrt. Sie hatte viele Stunden gearbeitet und ihrem Eigentümer viele Rappen verdient. Glücklich zählte Ernst das Geld zusammen; er hatte den Eindruck, daß es für eine gute Anzahlung reichen würde. Mit dem Kontoauszug in der Brusttasche, einem Film, den er über seine Arbeit in Afrika gedreht hatte, und seinem ältesten Sohn Immanuel neben sich im Auto machte er sich auf die Fahrt nach St. Moritz. Beide Tanner waren überaus gespannt auf ihre Begegnung mit dem reichen Mann. Erst trafen sie einmal Herrn Weinlechner, der ihnen vom Telefonieren her schon ein wenig vertraut war. Immanuel war hell begeistert, den bekannten Piloten endlich zu Gesicht zu bekommen, und voller Erwartung fuhren sie hinter ihm her zum Chef. Es ergab sich ein entscheidendes, positives Gespräch. Der Chef war einverstanden mit der Anzahlung und bereit, mit der Restzahlung bis zum nächsten Herbst zu warten. Voller Freude kehrten die beiden nach Hause zurück. Im September würde Ernst nach Samaden zurückkehren, um drei Wochen lang auf die neue Maschine umgeschult zu werden und zugleich ein Hochgebirgstraining zu erhalten. Dies alles bot ihm Herr Weinlechner gratis an. Es war fast unglaublich, aber doch wahr . . .

Das Haus in Trogen war ein vielbesuchter Ort. Ferienlager, Wochenendlager, Besuche von nah und fern wechselten sich beständig ab. Den Tannerkindern wurde es nie langweilig, und Hedi wurde kaum mit dem Besucherstrom fertig. Wie oft hatte sie geseufzt und in einer stillen Stunde diese Seufzer einem Tagebuch anvertraut. Und nun mußte sie ihren Mann wieder ziehen lassen. Etwas ängstlich war sie schon, als er ihr stolz, erwartungsvoll und fröhlich „auf Wiedersehen“ winkte und das Auto hinter der nächsten Biegung Richtung Samaden verschwand. Sie kehrte ins Haus zurück und trat ans Fenster, um nach den Kindern Ausschau zu halten. Als sie sich umwandte, fiel ihr Blick auf einen Spruch, den sie sich selbst einst aufgeschrieben hatte, um sich zu trösten: „Ich werde mich ganz in Frieden niederlegen und schlafen, denn du, Herr, lässest mich, auch wenn ich allein bin, sicher wohnen.“

In Samaden begann wieder ein neues Kapitel in der Fliegerei. Die 240 Flugstunden, die Ernst auf der guten alten Jot gesammelt hatte, halfen ihm recht wenig beim ersten Übungsflug. Der Jet Ranger war ein wilder, nervöser Wirbelsturm, der ihm zuerst nicht gehorchen wollte. Der Fluglehrer erklärte ihm lange und geduldig die verschiedenen Funktionen, konnte aber auch plötzlich, laut fluchend, seine Geduld verlieren, so daß Ernst erschrocken erst recht falsch reagierte. Stundenlang turnte der Heli in den Tälern des schönen Engadins herum, bewegte sich täglich sicherer, erklomm immer höhere Grate und wagte sich schließlich zu den Firnen und Gletschern der Bernina hinauf. „Es fällt mir schwer, weiter mit dir zu fliegen, Wolf", meinte Ernst eines Tages zu seinem erstaunten Lehrer. „Wieso denn das?" — „Es schmerzt mich zu sehr, wenn du den Namen Gottes mißbrauchst, verstehst du?" — „OK, ich versuch's zu vermeiden." Am Abend saßen sie mit einigen Bekannten zusammen und erzählten sich, wie es bei Piloten üblich ist, von Unfällen und Beinahe-Unfällen. Die Sprache war nicht gerade salonfähig. Da schlug Wolf plötzlich auf den Tisch: „Wir haben hier einen Pfarrer unter uns, der kann's nicht ertragen, wenn man flucht. Also bitte!" Und zu Ernst im Flüsterton: „Nicht wahr, heut war's besser?"

Als die orangefarbene XCX (Charly) nach 35 Übungsstunden in Trogen landete, gab es ein großes Fest. Als kleine Revanche für die vielen erwiesenen Stunden in der Luft luden die Tanners Wolf und seine Frau Mariann zu einem feinen Nachtessen ein. Jetzt begegneten sie einander nicht mehr als Lehrer und Schüler — es war der Anfang einer echten Freundschaft, die sich in der Tat bewies. Wolf war nie weiter weg als das Telefon. Seine Ratschläge halfen Ernst mehr als einmal aus der Patsche, und seine Hilfe in den kommenden Jahren sollte unbezahlbar werden.

3. Teil

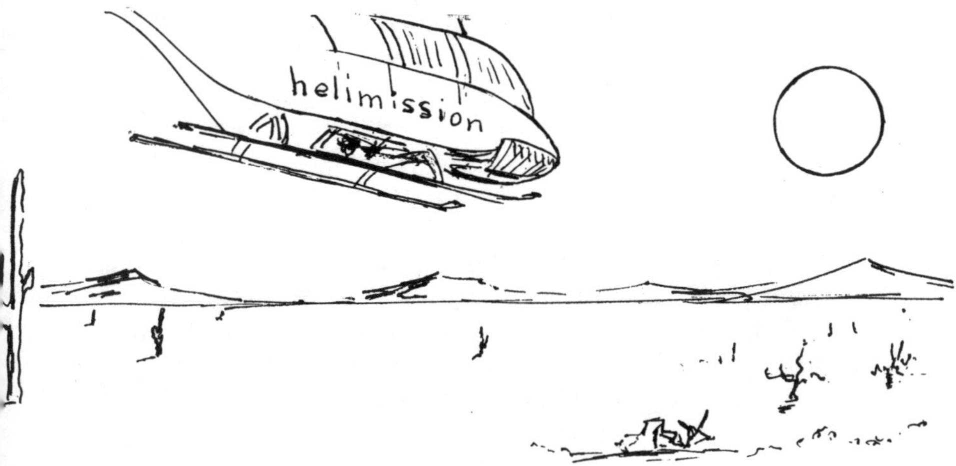

Kapitel 17

Constantine im Atlas

„Übung macht den Meister!“ Dies gilt im allgemeinen und im besonderen für die Heli-Fliegerei. Ernst nahm sich das zu Herzen. Trotz seines weiten Afrika-Fluges konnte er erst 275 Flugstunden in sein rotes Flugbuch eintragen. Um das ein wenig aufzubessern, nahm er jede Gelegenheit wahr, den orangen Vogel fliegen zu lassen. Er hätte es sträflich gefunden, immer allein zu fliegen. So kamen viele Freunde, Verwandte, Bekannte, Nachbarn, und am allermeisten seine Kinder in den Genuß der vielen Trainingsflüge, die ihn hin und her durchs Schweizerland führten. Die Welt sah von oben ganz anders aus, besonders als der Winter sie in eine weiße Decke hüllte. Ernst gewöhnte sich schnell daran; die Orientierung fiel ihm leicht, leichter als die Fliegerei. Jeder Start bedeutete für ihn ein „Schritt aufs Wasser“. Er sagte später, rückblickend auf all die schweren, ungewissen Anfänge: „Glaube ohne Risiko ist kein Glaube!“

Einer seiner Flugpassagiere war sein Bruder Jakob. Viele Jahre waren seit den gemeinsamen Kindertagen vergangen, Jack war inzwischen Betriebsfotograf einer großen Firma geworden. Wie jedesmal bei ihren seltenen Treffen holten Ernst und Jack nach dem Aussteigen aus dem Heli ihre Kindheitserlebnisse hervor: „Weisch no?“ begann Jack, „die Schlacht am Waldrand?“ Und jeder konnte sich an neue Einzelheiten erinnern, ans Herzklopfen, an den Graben, über den er gestolpert, an die Haarfarbe der Gefesselten, an den Schrecken in den Augen der Bösen — alles wurde aufgewärmt und mit viel Phantasie und Begeisterung neu illustriert. Was war nun näherliegend, als zu sagen: „Wie wär's, wenn wir es nochmals miteinander versuchen würden? Warum nicht bis Afrika? Jack könnte doch fotografieren, filmen und sonst noch in vielen Beziehungen behilflich sein." Die Pro und Kontra wurden abgewogen, und es dauerte nicht lange, so waren sich die beiden Brüder einig, daß sie den ersten Jet Ranger gemeinsam nach Afrika bringen wollten. Alles wurde bestens eingefädelt, der Termin abgesprochen; die Tannerfamilien in Trogen und Uzwil hatten alle Hände voll zu tun mit Vorbereitungen. Marcel, Ernsts rechte Hand, sollte mit der Swissair fliegen, und beim Rückweg sollten Jack und Marcel dann ihre Plätze tauschen.

Der erste Tag des neuen Jahres kam — und damit der Abschied von der Heimat. Die XCX war in Top-Zustand, ein Reservetank ersetzte die Arbeit mit Kanistern, die Reichweite war nun groß genug, um in der Wüste von einem Flugplatz zum nächsten zu gelangen, Flugkarten, Flugbewilligungen, Pässe, Impfausweise, Flugbuch und Filmapparat waren dabei. Ernst legte auch diesen Flug gewissenhaft in Gottes Hand. Dann küßten sie ihre Frauen und Kinder — und los ging's Richtung Samaden. Das Wetter ließ zu wünschen übrig; dennoch erreichten sie das Engadin und waren froh, nochmals auf Schweizerboden übernachten zu können.

Jack ließ es sich nicht nehmen, die unvergeßlichen Eindrücke dieses Fluges selbst zu erzählen:

„Es war bestimmt die Chance meines Lebens, von Ernst zu diesem Flug per Jet Ranger nach Afrika eingeladen zu werden.

Die Vorbereitungen begannen schon im Laufe des Sommers 1972 mit Impfungen gegen Cholera und Typhus und mit dem Kauf einer geeigneten Filmkamera. Über Alltäglichkeiten wie Kleidung, Unterkunft und Essen unterhielten wir uns kaum. Die zwei möglichen Routen über Italien oder

Gibraltar standen zur Diskussion. Ernst entschloß sich für die kürzere, von Palermo in Sizilien über das Mittelmeer. Schlechtes Wetter in Spanien mit starken Gewittern und ein stationäres Korsikatief bewogen uns, die ganze Schlechtwetterzone links über die Alpen und Italien zu umfliegen.

Schon die beiden Versuche, bei starkem Regen im Tiefflug nach Genua zu gelangen, waren ausgesprochen gefährlich. Oft sahen wir die elektrischen Leitungen, die in bis zu drei Etagen die Autostrada überquerten, erst auf 100 Meter oder noch weniger aus dem Nebel auftauchen, und es brauchte das ganze fliegerische Können meines Bruders, dieses Überspringen ohne Unfall zu bewältigen. Das ganze Ausmaß der Gefährlichkeit konnte ich damals eigentlich nicht wissen. Doch ich war sehr beruhigt und atmete wieder auf, als wir die Küste der Adria erreichten.

Unter uns erkannten wir Fischer und Muschelsammler, die Angel und Körbe fortwarfen, um uns fröhlich nachzuwinken.

Unser Tagesziel war Bari, wo wir auftanken und übernachten wollten. Die hereinbrechende Nacht und der langsam auf Null sinkende Benzinanzeiger zwangen uns, den Flugplatz von Foggia anzufliegen, leider in militärischem Sperrgebiet. Als einziges sichtbares Merkmal halfen uns die Lichter der Stadt Foggia. Wie schön wäre es gewesen, dort in einem netten Restaurant Durst und Hunger zu stillen.

Ernst sprach über Funk mit dem Turm der Militärbasis. Vom andern Ende kam jedoch keine Antwort. Wer sollte schon in der Abendruhe einem plötzlich auftauchenden Objekt im Tiefflug mit seltsamer Immatrikulation antworten? Als Ernst schrie: ‚Nun haben wir keinen Sprit mehr, wir müssen notlanden', fragte eine zögernde Stimme auf italienisch: ‚Wo sind Sie?' Es reichte noch, den Standort zu bestimmen, dann legten sich die Füße des Helis in die weiche Erde eines Ackers.

Nach etwa einer Stunde wurden die Lichter eines PKW

auf der angrenzenden Straße sichtbar. Mit Taschenlampen links und rechts in die Felder leuchtend, schrien Polizisten: ‚Helicottero, Helicottero, Helicottero!' Die ersten beiden Polizisten sollten nicht die letzten sein, die uns bis zum Vornamen unserer Großmutter ausfragten ...

Ernst wurde zum Essen und Schlafen per Militärjeep in die Stadt gefahren, ich begnügte mich vorsichtshalber mit einem Nickerchen auf dem Pilotensitz. Ich sollte jedoch nicht lange allein sein. Gegen ein Uhr klopfte es ganz leise am Schiebefenster, und beim Öffnen meiner müden Augen sah ich außerhalb des Fensters eine Thermosflasche, gehalten von einem Männlein, das mit seiner Mütze kaum bis ans Fenster reichte. In der anderen Hand hielt es sein eingepacktes Nachtbrot. Meine spärlichen Italienischkenntnisse reichten nicht aus, meine Gefühle der Dankbarkeit zu beschreiben, doch unsere glänzenden und leuchtenden Augen verstanden sich bald. Es war für beide von uns ein einmaliges Vergnügen, für mich der warme, gezuckerte Milchkaffee, dazu ein herrliches Panettone, für ihn das Gespräch mit einem ‚Major' im Helikopter.

Er bat mich, seinen Söhnen und Töchtern aus Afrika eine Karte zu schreiben. Nachdem er mir ihre Adressen auf ein verregnetes Stück Klosettpapier geschrieben hatte, begab er sich glücklich und zufrieden wieder auf die Strecke.

Nach einer kurzen, unbequemen Ruhe im Pilotensitz wurde ich schließlich im Lichte des anbrechenden Tages von mehreren Polizisten aufgeweckt. Alle Männer der nächtlichen Patrouillen wollten beim Abflug dabei sein. Also standen zwölf Offiziere in ausgerichteter Reihe im Acker — bis hoch über die Knöchel in der aufgeweichten Erde. Den Heli brachte Ernst nur mit größter Mühe und mit vollster Kraft der Turbine aus dem klebrigen Schlamm, waren doch über Nacht und infolge des gewaltigen Gewichts beide Kufen tief in den Boden eingesunken. Es war Punkt 6 Uhr morgens, als unser Heli von den begeistert winkenden Polizisten Abschied nahm ...

Nach gutem Flug und einem herrlichen Schlaf in einem warmen Hotelbett in Palermo befanden wir uns ganz dicht am Ufer des Mittelmeeres, wo wir eine kurze Landung einlegten und die letzten Vorbereitungen zum Überflug nach Algerien trafen. Es wird wohl nie mehr in meinem Leben so gespannt in meinem Kopf arbeiten wie in jenen wenigen Minuten. Ernst hatte mich schon Wochen vor der Reise intensiv über die vorgeschriebenen Verhaltensregeln beim Notlanden im Meer aufgeklärt. Der Himmel überzog sich dazu noch mit pechschwarzen Wolken. Doch nichts konnte und durfte uns von dem abhalten, was wir eine Woche zuvor begonnen hatten.

Zuerst wurden die Schwimmwesten angezogen, dann faltete Ernst die Hände, senkte den Kopf und sprach sein obligatorisches Gebet. Ich zweifelte als etwas weniger gläubiger Co-Pilot, daß der da oben wohl ein Interesse hat an unserem Flugobjekt.

Nach kurzer Flugzeit brach das Gewitter los. Es wurde stockdunkel, der Wind peitschte über das Wasser, und die 20 Meter hohen Wellen schienen die Füße des Heli fast zu berühren.

Während Ernst die Kursabweichungen krampfhaft zu korrigieren suchte, verstopfte ich mit zwei Taschentüchern die Löcher in den Fensterabdichtungen. Der Sturm versuchte mit aller Kraft, den strömenden Regen durch jede Ritze zu pressen. Zur Sicherheit schaltete Ernst die Notfrequenz im Dauerbetrieb auf unsere beiden Kopfhörer.

Als wir uns über der Mitte des Meeres befanden, wurde unser Gespräch plötzlich von einer lauten Stimme unterbrochen. Durch den Kopfhörer ertönte gut verständlich eine Männerstimme, die uns neugierig fragte: ‚Wer seid ihr da unten? Mit wem habe ich die Ehre, hier an diesem abgelegenen Ort?'

Zuerst glaubte ich, es wäre Ernst selber gewesen. Ich schaute ihn an, seine Lippen bewegten sich nicht. Es mußte oder konnte nur ein Pilot einer über uns fliegenden Kursmaschine sein. Er stellte sich mit Tango und noch zwei anderen Wörtern vor. Er sei auf 11000 Meter über Meer gerade über uns und befinde sich auf dem Flug von Zürich nach Tunis. Ernst erzählte ihm in kurzen Zügen, daß wir uns auf dem Flug nach Constantine in Algerien befänden und infolge dieses Unwetters etwa zwei bis drei Stunden Verspätung hätten. Dann bat er diesen netten Flugkameraden, über seinen Sender, der viel stärker war als der unserige, den Flughafen in Constantine über unsere Verspätung zu informieren.

Es war wie im Märchen: mitten in unserer Verlassenheit die tröstende Stimme eines Piloten in reinem Züritütsch zu vernehmen, der uns viel Glück für die ganze Reise wünschte. Jetzt wußten wir auch, daß wir den richtigen Kurs hatten. Es dauerte nicht mehr lange, da öffnete sich der schwarze Vorhang über uns, eine große, blaue Himmelsfläche tat sich auf und die Sonne bestrahlte uns. Die sehnlichst erwartete Bucht mit dem hohen, markanten Berg auf der rechten Seite begrüßte uns. Ernst lachte und meinte ganz selbstverständlich, es würden ja schließlich hinter unserem Rücken viele Menschen beten.

Nun waren wir also wie durch ein Wunder über der afrikanischen Küste, dem so sehnlichst erwarteten schwarzen Kontinent. Afrika — das Land, in dem jede zweite Sekunde ein Kind durch Hunger oder Krankheit stirbt, Endstation so vieler mutiger Missionare, die ihr Leben für jene Menschen einsetzten, Schauplatz vieler Religionskriege, in denen unschuldige Menschen sterben, Herberge einmaliger Wälder und Gebirgszüge, unübersehbare Wüstengebiete, Dörfer mit seltsamen Menschen, eigenartigen Bräuchen und Religionen.

Ich war gespannt, in die schwarzen Gesichter mit den weißen Augen zu blicken. Vorerst sollten wir aber noch die unangenehme Bekanntschaft mit Algeriern machen.

Nachdem wir den letzten Bergkamm überflogen hatten, lag sie vor uns in der Abendsonne, die weiße Stadt Constantine, mit ihren Slums, ihren modernen Wolkenkratzern, ihren Moscheen und ihrem Fluß im tiefen Canion, der sich seit Millionen Jahren durch Zeit und Fels hindurchschlängelt. Es war ein unbeschreibliches Gefühl für uns beide, wir konnten kaum sprechen.

Es war immerhin das erste große Ziel und eine wichtige Etappe auf unserem Flug nach Kamerun. Nach all den gefährlichen Umständen und den schlechten Sichtverhältnissen über dem Meer war ich mehr als zufrieden, wenigstens bis hierher heil und gesund gekommen zu sein. Nun blieb noch die Angst vor der großen Saharawüste.

Es war Nacht, als wir nach einer flüchtigen Zollkontrolle zur polizeilichen Untersuchung geführt wurden. Von vielen Formularen, die ausgefüllt und von uns unterschrieben werden mußten, war das letzte ein rosarotes. Es war die polizeiliche Bewilligung, daß ich als Tourist hier alles fotografieren durfte. Diese Bewilligung war gut gemeint, aber in den Augen eines Stadtpolizisten ungültig, weil er sie nicht selber unterschrieben hatte.

Nach kurzer Zeit fuhren wir wieder hinaus zum Flugplatz, um unseren Charly vor dem langen Flug über die Sahara auf seine Flugtüchtigkeit zu prüfen. Ernst machte dies fachmännisch. Auch ich schaute den Heli recht kritisch an, sah ganz zufällig neben dem Kamm des Heckrotors ein Löchlein und fragte Ernst, ob dies gefährlich sein könne, weil die Verkleidung vom starken Druck schon etwas ausgebuchtet war. Er fiel wie aus Wolken, war zu Tode betrübt und versicherte mit größtem Entsetzen, daß wir so unmöglich weiterfliegen könnten. Der Rotor müsse ausgewechselt werden. Aber wie? Einen neuen gab es nur in der Schweiz.

Hätte sich der mit ungeheurer Geschwindigkeit drehende Propeller einseitig abgeschält, wäre eine Unwucht entstanden, der Heli hätte sich immer schneller um seine eigene Achse gedreht, und wir hätten so schnell wie möglich wassern müssen. Dabei war in jedem Fall das Schlimmste zu befürchten. Der Pilot müßte beide Türen nach außen wegsprengen, gleichzeitig den Hauptrotor in Schräglage an der Wasseroberfläche zertrümmern. In den wenigen Sekunden, welche der Heli über Wasser bliebe, müßte man ihn blitzschnell verlassen, damit man nicht mit ihm in der Tiefe versänke. Eine Rettung bei meterhohem Wellengang im eiskalten Wasser wäre außerdem fast unmöglich. Niemand hätte uns gesehen, und für einen Notruf wäre kaum Zeit geblieben ...

Was nun kam, war für Ernst fast Routine. Zurück zum Hotel, telefonieren und versuchen, jemanden in der Heliswiss zu erreichen. Ernst versuchte auch per Telex Kontakt zu bekommen. Mittags um 12 Uhr erreichte er Belp per Telefon. Es war Samstag. Normalerweise arbeitete niemand. Ein Mechaniker antwortete: ‚Sie dürfen unter keinen Umständen weiterfliegen, der Heckrotor muß ersetzt werden. Wir senden Ihnen ein ganzes Assy, denn dort können Sie den Heckrotor nicht auswuchten.‘ Ernst war entsetzt. War es so schlimm? So eine kleine Beule? Man sah sie kaum! ‚Senden Sie auch gleich einen Mechaniker mit‘, bat er enttäuscht. ‚Gut, wir rufen zurück, sobald wir einen Flug nach Constantine haben.‘ — ‚Danke, und geben Sie bitte meiner Frau Bescheid, daß wir hier festsitzen.‘

Das erste, was Hedi wissen wollte, war, ob niemand zu Schaden gekommen war, und als zweites, was denn das Assy kosten sollte. ‚Nun, der Schaden wird zehntausend Schweizerfranken nicht übersteigen‘, tröstete sie der Anrufer. Für Hedi war das eine Hiobsbotschaft. Der Heli war noch nicht einmal bezahlt ...

Am Montag früh um 6 Uhr standen wir bei starkem Schneewetter auf dem Flugplatz und warteten auf den Mechaniker mit dem Heckrotor. Pünktlich landete eine zweimotorige Propellermaschine der Air Algier. Aus ihr sprang ein junger Mann, der sich beeilte, mit einem geheimnisvoll eingewickelten Ding zu uns herüberzukommen. Bei großer Kälte und Dunkelheit machte er sich ohne Handschuhe ans Werk, unseren geliebten Charly wieder instand zu setzen. Schon eine knappe Stunde später umarmten wir uns, stiegen in den Heli und flogen so rasch wie möglich aus ‚diesem‘ Algerien weg ...“

Am 15. Tag ihrer Flugreise setzten sie wohlbehalten in Kumba, bei ihrem Cousin Otto, auf. Die Freude und das Aufatmen war gegenseitig. Sie dankten Gott, der ihnen eine neue Möglichkeit zur Ausbreitung seiner guten Botschaft gegeben hatte. Marcel war per Linienflug ebenfalls eingetroffen und half Ernst, die immer wiederkehrenden Ärgernisse des sogenannten „Bürotürgg" zu überstehen: Warten — am Nachmittag wiederkommen — warten — am anderen Tag wiederkommen — warten — der Chef ist in einer Sitzung — warten — es gibt jetzt neue Formulare — warten — auf die Unterschrift des Oberchefs. Jack hatte unterdessen in Ottos Garten die schillerndsten Käfer und die buntesten Schmetterlinge für seine Sammlung gefangen . . .

Kapitel 18

Bamenda

Otto hatte gute Vorarbeit geleistet. Zwei Wochen lang war der Heli unermüdlich im Einsatz. Täglich flog er drei bis vier Dörfer an, wo er einheimische Evangelisten und Krankenpflegepersonal absetzte, um sie dann eine oder zwei Wochen später wieder einzusammeln. Die Dörfer hatten für Ernsts Wortschatz recht seltsam klingende Namen, und es war geradezu überraschend, daß er die richtigen Leute am richtigen Ort und zur richtigen Zeit wieder abholte: Banga, Kumba, Noian, Manjemen, New Difenda, Ifanga, Small Butu, Mbu, Lipenja, Ekondo Titi, Ndian, Obanekan, Nguti, Mosongi, Oban, Bamenda.

Ja, Bamenda. Diese afrikanische Stadt im Nordwesten von Kamerun wurde der Ausgangspunkt der nun folgenden Einsätze. Ein riesiger Marktplatz, Menschenmassen, wie sie bei uns nur bei einem Fußball-Länderspiel zu sehen sind, säumen die ungepflegten Straßen. Es gibt hier ein afrikanisches Spital, Bank und Post, viele Bürogebäude der Regierung, Geschäfte und — verschiedene Missionsstationen. Wer hätte damals gedacht, daß die Helimission hier in wenigen Jahren ebenfalls ihre Zelte aufschlagen würde. Bamenda liegt etwa 1280 m über dem Meer. Das Klima ist viel angenehmer als im feucht-heißen Douala. Viele Missionare verbringen hier ihre Ferien, und so fanden Ernst, Jack, Otto und Marcel in einem Gästehaus für Missionare eine günstige Ausgangsstation für ihre Flüge. Das Programm war hart, wenn man von Programm sprechen kann. Entweder waren die Fluggäste nicht zur Stelle, oder der Sandnebel hinderte die Sicht, oder ein dringender Rettungsflug mußte eingeschoben werden.

In Balin erwartete Ernst eine spezielle Arbeit — hier sollte eine Krankenstation gebaut werden. Von Benakuma aus erreicht man das Dörfchen Balin auf Buschpfaden in einem Dreitagemarsch. Der Pfad führt durch das Gebiet der Essimbi. Dieser Stamm wird von den Eingeborenen gefürchtet, und es war sehr schwierig, Träger zu finden, die das Baumaterial und die Betten dahin tragen wollten. Für Ernst war klar: er wollte die Lasten an den Heli hängen und sie in mehreren 25-Minuten-Flügen zum Zielort transportieren. Er kannte die tapfere Frau, die vor Jahren nur mit dem Nötigsten nach Balin marschiert war und seither dort unter den Eingeborenen lebte und arbeitete: Marga, eine deutsche Krankenschwester. Es war für Ernst eine große Freude, ihr zu helfen. Ein Teil des Materials lag schon in Benakuma bereit. In sechs Flügen hievte der Heli die Bretter, Nägel, Werkzeuge, eisernen Bettgestelle, Fenster und Türen hinüber in die Wildnis von Balin. Schwester Marga war überglücklich und sah im Geist ihre Krankenstation schon fertig stehen. Sie war die einzige medizinische Hilfskraft im Umkreis von 80 Kilometern. Bei ihren Wanderungen durch das Gebiet hatte sie sich eine Karte angefertigt, in die sie alle Wege, Hütten und Siedlungen der Umgebung eingezeichnet hatte. Anhand dieser Karte erklärte sie Ernst, wie er fliegen sollte. Bei ihr wohnten sechs Mädchen — Waisenkinder, die sie aufgenommen hatte und für die sie sorgte. Sie spricht wenig, lacht noch weniger, ja, ihre Gesichtszüge haben einen strengen Ausdruck. Die Nöte und die Einsamkeit haben sie geprägt. In jedem Jahr, in dem Ernst nun nach Kamerun kam, besuchte er Balin, freute sich an der neuen Krankenstation und brachte Schwester Marga alles mit, was sie ein Jahr zuvor bei ihm bestellt hatte. Heute fliegen die Piloten der

Helimission jeden Monat nach Balin. Schwester Marga ist zwar nicht mehr dort, aber zwei der Mädchen, die sie aufgenommen hatte, betreuen die Kranken auf der Station, und ab und zu wird ein Arzt eingeflogen.

Kapitel 19

Marcel und seine Zahlen

Während Ernst organisierte und flog, war Marcel ebenfalls sehr beschäftigt. Wie schon zu Hause wuchsen in seinem Notizbuch die Tabellen, in die er Namen, Daten, Flugzeiten, zurückgelegte Kilometer und geschätzte Marschzeiten eintrug. Die Marschzeiten erfragte er gewöhnlich an den Ausgangspunkten der Flüge. Die Einheimischen konnten ziemlich genaue Zeitangaben machen. Die Stunden und Tage, von denen sie sprachen, bedeuteten Gewaltmärsche unter der stechenden Tropensonne. Ernst und Marcel hatten am eigenen Leib erfahren, was es heißt, mit einem eingeborenen Führer über Berg und Tal Schritt zu halten . . .

Marcels Ergebnisse waren erstaunlich. In 47 Flugstunden hatten sie 57 Orte angeflogen. Die geflogenen Strecken betrugen schätzungsweise 8475 km. Bei einem Tempo von 3 km pro Stunde ergibt das 2825 Stunden — oder, wenn täglich 5 Stunden marschiert würde, 565 Tage. Das sind mehr als $1^1/_2$ Jahre! Der Heli aber brauchte unter denselben Bedingungen nur neun Tage, ist also 60mal schneller. Und was noch wichtiger ist: Der Missionar schont seine Gesundheit und seine Kräfte. Diese Überlegungen erfreuten Ernst über alle Maßen. Sein Ziel war, nicht nur selbst den Armen zu predigen und zu helfen, sondern auch die Arbeit der anderen Missionare zu erleichtern und damit ihren Dienst zu multiplizieren. Diese Ziele hatte er in den Statuten der Helimission festlegen lassen.

Statuten sind allerdings nur Papier, und Marcels Zahlen sind kalt und leblos. Doch die Helimission hat ein Herz, ein warmes und liebendes Herz. Der Erfolg dieser Liebe geht über unsere Tabellen, Zahlen und Maßstäbe hinaus. Und das ist der Erfolg der Liebe: Rettung und ewiges Leben. Wenn jemand aus einem Abgrund gerettet wird, so weiß er, daß er gerettet ist. Wenn ein Mensch Gottes Liebe erlebt hat, so kennt er den Erfolg der Liebe ...

Kapitel 20

Charly will nicht fliegen

Während der Transportflüge zu Schwester Marga überflog Ernst immer wieder das Gebiet, von dem die Eingeborenen sagten: „Hier wohnen die Essimbi." Mit jedem Überflug fühlte sich Ernst mehr zu diesen Menschen hingezogen. Er spähte hinunter, ob er Hütten oder Siedlungen entdecken könnte, ob es Möglichkeiten für eine Landung gäbe. Bei seinem letzten Flug entschloß er sich, einen Versuch zu wagen. Er schwebte über einem grasbewachsenen Hügel, um Marcel abspringen zu lassen und das hohe Gras für den Heckrotor ein wenig niederzutrampeln. Er setzte auf und stellte die Maschine ab. Stille. Warten. Dann hörten sie Stimmen aus dem Busch, und schon erschienen die ersten Eingeborenen. Ernst stieg aus, ging ihnen entgegen, streckte dem ersten die Hand entgegen: „Hallo", sagte er laut, „wie geht es dir?" — „Welcom", antwortete der erste, „Welcom" der nächste. Einer nach dem andern tauchte aus dem Busch auf. Als alle neben dem Heli versammelt waren, versuchte Ernst, ihnen auf englisch und mit vielen Zeichen und Bewegungen zu erklären, weshalb sie gekommen waren und daß sie wiederkommen und einen Doktor für die Kranken mitbringen würden. Sie lauschten und nickten. Dann stiegen Ernst und Marcel ein, winkten, die Leute sollten zurücktreten, drückten den Starter . . . Der Heli startete nicht! Alle Liebesmühe half nicht. Charly wollte einfach nicht.

Sie stiegen wieder aus. Es half nichts, sie mußten sich damit abfinden, im Busch zu bleiben, so schwer es ihnen auch fiel. Es gab keine Wahl. Die Buschleute erfassten die Situation schnell. Sie können auch ohne Worte verstehen, haben einen Sinn, der die Mimik und die Augensprache erfaßt, und fühlen, ob man es gut oder böse meint.

Sie wandten sich zum Pfad zurück, auf dem sie gekommen waren, und ließen Ernst und Marcel in ihrer Mitte mitmarschieren. Nach einer halben Stunde bergauf und bergab erreichten sie das Dorf. Bis es dunkel wurde, saßen sie vor den Hütten. Frauen bereiteten ein Essen zu: Reis und Fisch, dazu gekochtes Wasser. Lange saßen sie da, weit weg von Straße und Stadt, in einem Dorf mit Bewohnern, deren Lebenskreis klein und begrenzt ist, so begrenzt wie das Tal, das sich vor ihnen ausbreitete. Endlich stand der Häuptling auf, holte eine Laterne und winkte Ernst und Marcel, ihm zu folgen. Er führte sie zu einer Hütte und deutete auf ein Holzgestell: Hier schlafen. Sie legten sich auf die Pritschen. Es war noch immer heiß, von schlafen keine Spur. Später kletterten einige Männer über eine Hühnerleiter in den „1. Stock", und schon bald hörte man sie schnarchen. Ernst ging die Schnarcherei auf die Nerven, und er legte sich draußen hin. Hier plagten ihn Fliegen und Schweine . . .

Bei Tagesanbruch machte er sich auf den Weg zum Heli. Vielleicht hatte Charly sich's ja anders überlegt. Doch alle Bemühungen verliefen wieder negativ. Nach seiner Meinung konnte der Fehler nur am Starter-Generator liegen. Zurück zu den Hütten. Sie teilten sich ihr notdürftiges Frühstück: die letzte Ovo und eine Banane. Drei Männer wurden nach Balin gesandt, um Schwester Marga einen Brief zu überbringen und einige wichtige Dinge wie Wasserfilter, Werkzeuge und Nahrungsmittel zu holen. Ernst machte sich mit dem Starter-Generator des Hubschraubers auf den Weg nach Benakuma, um irgendwo zu telefonieren.

Der Häuptling bot ihm als Führer seinen eigenen kleinen Sohn an, der sich sofort mit ernsten, wachen Augen zu ihm gesellte. Der Pfad führte von Essimbidorf zu Essimbidorf. Mal wurden sie wie Freunde begrüßt, mal folgten ihnen feindselige Blicke. Wie froh war Ernst, seinen kleinen schwarzen Kameraden bei sich zu haben. An jedem Bach oder Fluß warf sich der Junge ins Wasser, kühlte sich ab und trank das kühle Naß, während Ernst sich nur einen Schluck Wasser aus einem Colafläschchen gönnte. Er wußte zu gut, welche Gefahren in den afrikanischen Gewässern auf Europäer lauern. Die Hitze setzte ihm mächtig zu; er schwitzte und keuchte, bei jeder Steigung verlangsamte er die Schritte, bei jedem Fluß blieb er einige Augenblicke stehen. In einem Dörfchen erstand er eine unreife Ananas, um seinen unbeschreiblichen Durst etwas zu löschen. Nach Stunden — er zählte sie gar nicht mehr — erreichten sie Benakuma. In einem kleinen Restaurant trank er zwei Liter Mineralwasser, aß eine kleine Mahlzeit, verabschiedete seinen treuen Begleiter mit einer guten Belohnung und erkundigte sich nach einer Transportmöglichkeit. Auto oder Bus oder Buschtaxi? So etwas gab es nicht. „Also weiter zu Fuß marschieren", seufzte er. „Nein", strahlte der Wirt, „ich habe ein Fahrrad." Sie wurden sich handelseinig, und Ernst lieh sich das alte Vehikel aus. Nach etwas mehr als einer Stunde Fahrt sah er vor einer Hütte einen weißen Mann sitzen. „Welche Überraschung!" rief er aus. „Ganz meinerseits!" erwiderte der Weiße auf französisch. Nachdem er Ernsts Schicksal vernommen hatte, bot er ihm an, ihn mit seinem Motorrad zur Ringstraße zu fahren. Es dämmerte schon, als sie ein Haus an der einsamen Straße erreichten. Kein Auto weit und breit. „Morgen um sechs geht ein Buschtaxi nach Bamenda", erfuhr Ernst vom Besitzer der kleinen Bar. Er bekam einen Schlafplatz zugewiesen. Er war kaum fähig, Gott im Gebet für alle Hilfe zu danken. Seine Gedanken wanderten zu Marcel bei den Essimbi, nach Hause zu seiner Familie. „Behüte du sie, treuer Herr, ich kann es nicht!" . . . Am nächsten Tag erreichte Ernst endlich ein Telefon. Er rief Hedi an, und wieder einmal bewies sich, wie gut sie zusammenarbeiten konnten. Wie bei einem Uhrwerk fügte sich eins ins andere: Heliswiss hatte den gewünschten Startergenerator auf Lager, ein Mitarbeiter wußte „zufällig" von einem guten Bekannten von Ernst, der in derselben Woche nach Kamerun fliegen wollte, und vier Tage später konnte Ernst das Ersatzteil in Empfang nehmen. Genau eine Woche lang stand der Heli in Benabingo bei den Essimbi. Eine Woche lebte Marcel bei den Urwaldmenschen, ging mit ihnen fischen und jagen. Weder dem Heli noch Marcel geschah etwas; Ernst traf beide in bester Verfassung an.

Ernst überflog immer wieder die Höhenzüge, die er zweimal schweißgebadet zu Fuß überstiegen hatte. Er klopfte seinem „Pferdchen" Charly anerkennend auf das Instrumentenbrett, fütterte ihn täglich mit dem besten Kerosin und pflegte ihn sorgfältiger denn je.

Am 30. März schloß er seinen zweiten Helikoptereinsatz ab. In 155 Flugstunden hatte er weiße und einheimische Prediger, medizinisches Personal und Regierungsbeamte in abgelegenste Orte gebracht, Lebensmittel und Medizin und als Außenlast das Material eines Buschkrankenhauses transportiert. An außerordentliche Strapazen war er schon lange gewöhnt; nun aber bekam er die Fliegerei allmählich richtig in den Griff. Getrost trat er mit Marcel den Rückflug an. Ohne wesentliche Probleme erreichten sie nach sieben Tagen die Heimat.

Ernst hatte die XCX mit der Absicht in die Schweiz zurückgeflogen, sie während der Sommermonate zu verchartern, um mit dem Erlös den Rest des Kaufpreises bezahlen zu können. Daraus wurde leider nichts. Niemand schien einen Helikopter zu brauchen. So stand Charly in Trogen in einem provisorischen Hangar und wartete.

In dieser Zeit der Ungewißheit erreichte Ernst ein Brief aus Kamerun, der ihn nicht nur erfreute, sondern auf dem eingeschlagenen Weg bestärkte. Er kam von der Frau eines amerikanischen Arztes, der im Hospital Donekeng in Bafia/ Kamerun arbeitete:

„Mein Mann ist Chirurg, und ich helfe ihm als Krankenschwester. Wir sind die einzigen Weißen in einem Krankenhaus mit 140 Betten. Wir hatten schon viele Dörfer besucht, jedoch nur da, wo wir mit unserem Landrover die schlechten Straßen befahren konnten. In diesem Jahr wurden wir gebeten, als eines von fünf Teams unseres Distriktes an den Helikopter-Einsätzen teilzunehmen. Trotz unserer Bedenken über die Wirksamkeit dieser neuen Methode gaben wir unsere Zusage.

Ein Läufer eilte tagelang durch den Urwald, um die betreffenden Dörfer zu benachrichtigen. Dann plötzlich, während wir einen Beinbruch eingipsten, hörten wir den Helikopter über uns kreisen. Wir eilten mit unserem Gepäck zur Maschine, wo all unsere Sachen aufgeladen wurden. Medikamente, Instrumente für kleinere Operationen und sogar der Flanellständer für die Gottesdienste wurden im Heli verstaut. Schon nach wenigen Minuten starteten wir zum Missionscenter. Die sonst mit dem Landrover neun mühsame Stunden dauernde Fahrt legten wir in 55 Minuten zurück. Mühelos und frisch landeten wir in Yoko. Von hier brachte uns der Heli in das erste der drei Dörfer tief im Urwald. Wir kreisten zuerst über den Hütten. Die Bewohner versteckten sich alle. Der Pilot fand ein Plätzchen, wo er die Maschine aufsetzen konnte. Da kamen die Eingeborenen, um uns zu begrüßen. Zwei Tage lang arbeiteten wir dort, untersuchten und behandelten alle Bewohner und hielten Gottesdienste, bevor uns der Heli abholte und in das nächste Dorf brachte. Heute sind wir überzeugt, daß der Helikopter eine gewaltige Hilfe ist, um Menschen und Material zu jenen Bedürftigen zu bringen, die sonst keine Hilfe bekämen. Wir freuen uns jetzt schon auf den nächsten Einsatz.

Dr. und Mrs. Sandilands."

Kapitel 21

Eine Tür öffnet sich

Der 4. Januar kam. Auf dem Flugplatz in Basel-Mühlhausen stand eine DC-6 der Balair bereit. Ein orangefarbener Heli verschwand gerade langsam in ihrem großen Bauch. Die Tannerkinder sperrten Mund und Augen auf. Sie froren zwar an Nase und Füßen; aber nichts konnte sie davon abhalten, den ganzen Tag auf dem windigen Platz zu stehen, die Verladung des Helis und des gesamten Materials mitzuerleben und die Fernsehleute anzustarren, die fotografierend das Ereignis verfolgten. Dann kam der Abschied, der schwierige auf dem Flugplatz. Papa ging nicht einfach von zu Hause fort; er stieg in eine große Maschine, die ihn ihren Blicken und ihren Herzen entriß. Sie blieben zurück, allein in der Kälte; das geschäftige Ereignis war vorbei. Sie standen da, schauten sich an, und alles war leer. Doch Mama war ja noch da. Sie nahm Simon und Damaris an der Hand. „Kommt", sagte sie lächelnd, „wir gehen heim zu Lucky. Papa kommt bald zurück." Sie wandten sich zum Gehen. Immanuel und Mirjam kamen etwas unschlüssig hinterher.

Über all die Sorgen und Mühen, den Streß und die schlaflosen Nächte vor diesem Abflug schrieb Hedi im Januar an ihre Freunde und Missionspartner:

„Wenn Gott etwas Wunderbares tun will, beginnt er mit einer Schwierigkeit — wenn er etwas sehr Wunderbares tun will, beginnt er mit einer Unmöglichkeit.

Im letzten Rundbrief konnten wir nur ganz kurz erwähnen, daß sich eine Tür nach Äthiopien geöffnet hatte. Was sich alles hinter dieser Tür verbarg, wußten wir noch nicht. Aber Gott hatte alles schon vorbereitet. Am 22. Dezember schrieb Ernst Tanner in seinem Büro den Flugplan für seinen Heliflug über Griechenland, Ägypten nach Äthiopien, als ihn per Telefon eine geradezu „umwerfende" Nachricht erreichte: Die Sudan Inland Mission (SIM) erklärte sich bereit, die Kosten eines Transportfluges mit einer DC-6 von Basel nach Addis Abeba zu übernehmen. Als Gegenleistung sollten wir diese DC-6 außer mit unserem Heli noch mit Hilfsgütern beladen, welche die Mission dringend benötigte. Als mein Mann den Hörer wieder auflegte, hörte ich ihn laut jubeln. So sehr freute er sich über das, was Gott tat. Unsere Kasse war nämlich leer wie selten, selbst der Heli-Einsatz war erst „im Glauben" bezahlt. Aber nun zeigte es sich, wie Gott vorgesorgt hatte. Ein Telefonanruf löste den anderen ab. Nicht jeder war positiv, aber jeder war ein Schritt zum Ziel. Nach wenigen Tagen stand es fest: Die Christoffel-Blindenmission in Deutschland versprach Fr. 20 000, das HEKS versprach den Rest, schätzungsweise Fr. 13 000 zu decken. Für dieses Geld organisierten wir in der Zeit vom 21. Dezember bis 4. Januar (was das heißt, weiß jeder) folgende Hilfsgüter: 2 Generatoren, 1 Kompressor mit Zubehör, ein Schweißgerät, eine Unterwasserpumpe mit Schlauch, 1 Theodolit (Vermessungsgerät), 30 Handpumpen aus Wien, 30 Feldbetten und Schlafsäcke, Autowerkzeug und verschiedene Kleinigkeiten. Vom Roten Kreuz erhielten wir 15 Zelte und 3 Tonnen Milchpulver und Wolldecken. Die Idee eines leichten, von Hand zu betreibenden Bohrsystems für Wasser entstand ebenfalls in diesen Tagen. Sie nahm Gestalt an durch den Rat führender Geologen und den uneigennützigen Einsatz von J. Wyssen, Reichenbach, der mit seinen beiden Söhnen die Arbeit nicht scheute und in seiner Fabrik zwischen Weihnachten und Neujahr das Bohrgerät herstellte. Es wurde an Neujahr ausprobiert und

— funktionierte. Am 4. Januar verließ es die Schweiz in der DC-6 Richtung Addis. Liebe Freunde, daß dies ohne Gottes Hilfe nicht möglich gewesen wäre, kann jeder sehen. Deshalb wollen wir ihm die Ehre geben. Für den wunderbaren, spontanen und großzügigen Einsatz aller Missionsfreunde können wir nur sagen: Tausendmal Danke! Jeder Franken hilft dem Heli helfen. Über den Flug, die Ankunft in Addis und die Montage des Heli ist nicht mehr viel zu sagen. Alles ging gut. Und was dann kam, dürfen wir dem folgenden Bericht aus Dessie, Äthiopien, entnehmen."

„Liebe Frau Tanner! Liebe Freunde der Helimission!

Vor mir hängt die geographische Karte der Wollo-Provinz. Wie von ewigem Schnee bedeckt — was aber 11 Grad nördlich des Äquators nicht möglich ist — ragen die Bergspitzen des westlichen Randgebirges des Ostafrikanischen Grabens bis auf 4284 m Höhe über dem Meer hinauf. Nur eine gute halbe Helikopter-Stunde östlich davon ziehen die Danakil-Nomaden durch die hellbraune Wüste. Die Wollo-Provinz ist zweimal so groß wie die Schweiz. In den letzten drei Jahren konnten wir mit Unterstützung der Regierung in dieser wenig entwickelten Gegend Äthiopiens einen Öffentlichen Gesundheitsdienst der Sudan Inland Mission entstehen lassen, durch den jetzt auf 64 Wochenmärkten regelmäßig Lepra-Kontrollen durchgeführt und Augenmedikamente verteilt werden. Daneben sorgen wir — vor allem in den Schulen — für gesundes Wasser. Nicht vergessen wollen wir die Einsätze in der Hungerhilfe, die ja durch die Presse schon bekannt wurden. Ihnen, liebe Frau Tanner, und Ihrer ganzen Familie wollen wir dafür danken, daß Sie es Ihrem Mann ermöglichen, von Ihnen und Ihren fünf Kindern drei Monate getrennt zu leben, damit Herr Tanner mit uns zusammen die leiblichen, seelischen und geistlichen Nöte der etwa 3½ Millionen Bewohner unserer Wollo-Provinz lindern helfen kann. Welch große Hilfe der Einsatz Ihres Mannes mit der Mannschaft des Helimissions-Helikopters HB-XCX hier bedeutet, das kann man sich in Europa mit allen möglichen Verkehrsmitteln auf der Straße, der Schiene und in der Luft einfach nicht vorstellen. In der einen Woche seit der Ankunft des Helimissions-Teams haben wir mehr Arbeit tun können, als uns sonst in zwei Monaten möglich gewesen wäre. Neben Besuchen in verschiedenen vom Hunger betroffenen Dörfern durch vier Mannschaften aus dem Hungerhilfe-Lager, neben der Auffindung von Bohrstellen für Brunnen und Baustellen für Staudämme zur Bewässerung, neben dem Besuch ausgestorbener Dörfer und abgelegener Flüchtlingslager haben wir bisher noch nicht besuchte Wochenmärkte anfliegen können, unsere äthiopischen Mitarbeiter ermutigt und versorgt, viele Augenkranke behandelt und Unzähligen die Frohe Botschaft von der Lebenserneuerung durch Jesus Christus verkündigen können. Wie wurde diese Arbeitserleichterung möglich? Wir überflogen eines der tief in das Hochplateau Äthiopiens eingeschnittenen Täler in fünf Minuten, für dessen Überquerung mit dem Maultier wir sonst vier Stunden brauchten. Wir erreichten einen Marktort in 17 Minuten, der eine ganze Maultiertagesreise von unserer Missionsstation entfernt liegt. In weniger als einer dreiviertel Stunde konnten wir einen Heilgehilfen und seinen Mitarbeiter, einen Analphabeten-Lehrer und Evangelisten, besuchen, die sonst nur in fünf Tagesreisen erreichbar waren. So wird verständlich, daß wir in einer Woche mehr geschafft haben als sonst in zwei Monaten — und das mit weniger körperlicher Anstrengung, Müdigkeit oder Krankheitsanfälligkeit. Der Helimissions-Einsatz läßt mich die harte Arbeit im Tibet Afrikas wie einen Urlaub erleben. Ich bin von einer großen seelischen Belastung befreit, da ich jetzt wieder persönlichen Kontakt mit unseren äthiopischen Mitarbeitern herstellen konnte, die vorher auf einsamen Posten in abgelegenen Gegenden allein standen. Welch ein bleibender Eindruck, wenn Hunderte von jungen und alten Menschen vom

Marktplatz zum Helikopter gerannt kommen, still der Wortverkündigung lauschen und dann Hilfe für ihren Leib erhalten. Nochmals muß ich Ihnen ganz, ganz herzlich danken, daß Sie diesen Einsatz ermöglichen. Seien Sie auch unserer Gebete versichert.

Mit freundlichen Grüßen
Ihr Ihnen sehr dankbarer Dr. Dietrich Schmoll."

Zusammen mit vier deutschen, zwei englischen und einem französischen Hubschrauber sowie vielen anderen Hilfsaktionen aus aller Welt konnte der großen Not in Äthiopien massiv entgegengewirkt werden. Dank der XCX konnten zwölf Landepisten teils neu angelegt, teils instand gestellt werden, damit die Arbeit mit Flächenflugzeugen fortgesetzt werden konnte. An sechs strategisch wichtigen Orten wurden Pumpbrunnen mit dem handbetriebenen Bohrgerät eingerichtet, das Ernst im Heli mitführen konnte. Drei dieser Brunnen befanden sich in von Deutschen betreuten Flüchtlings-Sammellagern, die ihr Wasser bis dahin aus stinkenden Löchern schöpfen mußten. Welche Freude, wenn beides angeboten werden konnte: frisches Wasser aus dem Schoß der Erde und Jesus Christus als Quelle des ewigen Lebens.

Der Heli transportierte Lebensmittel, Medikamente, Saatgut, Ärzteteams, Erkundigungsteams, Missionare, Regierungsleute bis weit hinab in die Danakil-Wüste zu den umherziehenden Nomaden.

Ein Missionar, der im Süden des Landes tätig war, berichtete Ernst von mindestens zehn Stämmen, die noch nie etwas von der Liebe Gottes gehört hätten. „Komm mit deinem Hubschrauber und hilf uns, jene Menschen zu erreichen", bat er. Dieser Hilferuf fand bei Ernst ein starkes Echo. Er nahm ihn mit sich und vergaß ihn nicht.

Kapitel 22

Heimflug mit Hindernissen

Nach zweimonatigem, strengem Dienst in den Notgebieten flog „Charly“ Anfang März quer durch Afrika, nach Kamerun, wo er von vielen erwartet wurde. Verschiedene Missionsgesellschaften hatten Programme vorbereitet. Sie hatten letztes Jahr erlebt, wie und wo ein Helikopter nützlich sein kann.

Von Anfang an war es Ernsts Anliegen, den Heli dort einzusetzen, wo andere Transportmöglichkeiten fehlten. In Sangmelima, einem Ort südlich der Hauptstadt Yaounde, warteten verschiedene Teams der Presbyterianer-Mission, um in die Urwalddörfer geflogen zu werden. Sie predigten die Liebe Gottes, pflegten die Kranken und unterrichteten Hygiene und Gartenbau. Einige Tage später wurden die meisten einheimischen Teams wieder eingesammelt. Ein zweites Einsatzzentrum war wie letztes Jahr Bamenda, und ein drittes Yoko, wo die Norwegisch-Lutherische Kirche die Einsätze organisierte.

Nach drei langen Monaten zog es Ernst mächtig nach Hause zurück. Die gute XCX konnte nicht schnell genug fliegen. In Tamanrasset mußten sie zwei Tage auf die Überflugbewilligung warten. Während Ernst die Wartesäle der Büros „abstaubte“, streifte Paul, sein Flughelfer, durch das Wüstenstädtchen auf der Suche nach reizvollen Fotomotiven. Dieser Spaziergang sollte sich jedoch gar nicht bezahlt machen. Kaum hatte sich Ernst etwas mißmutig und ungeduldig von der Warterei in sein Hotelzimmer zurückgezogen, erschien auch Paul. Er war außer Atem und warf sich in seiner ganzen Länge auf's Bett. „Es ist aus!" stöhnte er, „sie haben mich erwischt!" — „Mach keine Geschichten! Was ist los?" — „Nichts, nichts." Er biß die Zähne zusammen, runzelte die Stirn, richtete sich wieder auf und blickte ziemlich hilflos umher. „Es ist nichts, sie finden mich nicht!" Er öffnete den Fotoapparat, entnahm den Film, legte einen andern ein und schob alles unters Kopfkissen. „Komm, erzähl!" Ernst wurde ungeduldig. Vor dem Haus hörte man jetzt aufgeregte Männerstimmen. „Hier, hier!" schrie einer. Vor dem ersten Hotelzimmer hielten sie an. Klopfen — Schweigen. Ernst horchte angestrengt: Polizei! „Suchen sie dich, Paul? Wo warst du?" — „In der Stadt", flüsterte Paul, „ich habe eine Frau geknipst." — „Wo?" — „In einem Hof, sehr vornehmes Haus. Sie kreischte und verschwand; dann kamen sie. So ein Mist . . ." brummte Paul. Das Palaver im Flur kam näher und näher. Jetzt dröhnten Schläge an ihre Zimmertür. „Aufmachen!" Ernst blieb nichts anderes übrig, als die Tür zu öffnen. Er stellte sich in die Öffnung: „Was gibt's?" fragte er, ebenfalls auf französisch. „Wir suchen einen Weißen, er muß hier sein!" — „Halt!" Ruhig und bestimmt trat Ernst den Polizisten in den Weg. Zuerst wollte er wissen, was passiert war. Er erfuhr, daß Paul unerlaubterweise durchs Tor in den Hof eines Reichen eingetreten war und ausgerechnet die Frau des Bürgermeisters fotografiert hatte — unter Mohammedanern ein verabscheuungswürdiges Tun. Ernst begann, auf die Leute einzureden, der junge Mann habe die Sitten nicht gekannt, keine bösen Absichten gehabt, den Kopf verloren, sich auf dem Spaziergang verirrt, sei in einem fremden Land, kenne ihre Sprache nicht . . . Paul stand wie ein begossener Pudel hinter ihm. Noch einmal stürmte der Polizist auf ihn ein, er müsse den Fotoapparat herausgeben, worauf Ernst seine ganze Überredungskunst aufwandte, um die Gemüter umzustimmen. Er entschuldigte sich lang und breit für das ungebührliche Verhalten seines Flughelfers und begann zu erzählen, weshalb sie hergekommen und was ihre Absichten seien. Die Gesichter wurden zusehends friedlicher. Schließlich verlangte der ebenfalls anwesende Bürgermeister, daß ihm der Film ausgehändigt werde, was Paul sichtlich erleichtert tat.

Als die Tür endlich wieder ins Schloß fiel, schaute Ernst seinen Begleiter scharf an und sagte: „Wenn's nicht zum Lachen wäre, wär's zum Heulen. Du könntest jetzt im Gefängnis sitzen, weißt du das?"

In Tunis erwartete sie eine zweite Geduldsprobe. Sie kamen ausgerechnet am Geburtstag des Propheten Mohammed an. Die Geschäfte waren alle geschlossen. Die Stadt feierte. Sollte das Ernst und Paul hindern, weiterzufliegen? Eigentlich nicht. Vor ihnen lag jedoch der Flug übers Mittelmeer, und dazu benötigten sie sicherheitshalber das Rettungsboot, das ihnen von der Schweiz aus entgegengeschickt worden war. Ernst sollte es auf der Schweizer Botschaft abholen. Am nächsten Morgen wurden sie auf der Botschaft freundlich empfangen, mußten jedoch zu ihrem Leidwesen erfahren, daß kein Rettungsboot angekommen sei, da die Post eben Geburtstag feiere. Was nun? Wie lange dauerte denn Mohammeds Geburtstag? Ein oder zwei oder drei Tage? Während sich das Gespräch hinzog, erschien der Herr Botschafter, grüßte die beiden Schweizer, und als er ihr Problem vernommen hatte, lachte er und lud sie zum Abendessen ein. Überrascht und dankbar nahmen sie die liebenswürdige Einladung an.

Welche Wohltat, nach den vielen harten Erlebnissen etwas Heimatluft zu atmen. Es schien Ernst, als sei ihm die Schweiz übers Wasser entgegengekommen. Die Spannung und Hektik der Reise löste sich, und Ernst begann, von seinen Erlebnissen zu erzählen. „Haben Sie keine Angst vor dem Flug übers Wasser?" fragte der Botschafter interessiert. „Meer und Wasser sind mir vertraut", erwiderte Ernst, „in meinen jungen Jahren arbeitete ich auf dem Meer und überquerte den Atlantik 26mal. „Seekrank?" — „Nie! Sturm und Wellen entsprachen ganz meinem Geschmack. Wenn die meisten Passagiere in ihren Kabinen blieben und die wenigen Mutigen bleich an ihren Tischen saßen, erzählte ich beim Servieren Witze, machte Späße und Schabernack, um sie von ihren Problemen abzulenken." — „Wie kamen Sie denn dazu, Ihre jetzige Tätigkeit auszuüben? Es scheint mir nicht ganz zusammenzupassen." — „Der Grund, warum ich auf den Schiffen arbeitete, war, daß ich nach Amerika, dem gelobten Land, emigrieren wollte, um dort meinem Hobby, der Malerei zu frönen. Ich hoffte, während meiner Arbeit auf dem Schiff einen Amerikaner kennenzulernen, der für mich armen Schweizer bürgen würde. Dies war nicht einfach; denn fast alle Angestellten des großen Passagierdampfers „New Amsterdam" hatten dieselbe Absicht. Zweimal hatten mir Amerikaner versprochen, die 2000 Dollar zu hinterlegen; aber erst der dritte hielt sein Wort. Es war mir ein Lohn für die zwei harten, mühsamen Jahre auf dem Schiff. Die Arbeit gefiel mir nicht, aber ich blieb und erreichte mein Ziel. Als der Tag kam, an dem ich selbst als Passagier das Schiff betrat, glaubte ich am Ziel aller meiner Wünsche angekommen zu sein."

Ernst hielt einen Moment inne. Seine Zuhörer lauschten gespannt. „Sie haben ein wechselvolles Leben hinter sich." — „Aber ich hatte mich getäuscht", fuhr Ernst unbeirrt fort. „Ich arbeitete als Butler bei meinem neuen Chef und besuchte nebenbei die Malschule in Philadelphia. Es dauerte nicht allzu lange, bis ich feststellte, daß alles in Amerika wohl größer, schneller, höher und moderner war, daß aber die Menschen dieselben waren wie drüben in Europa. Während der Rekrutenschule, die ich bei der Luftwaffe in Texas absolvieren mußte, fand der Militärarzt heraus, daß ich TB hatte. Nach einem längeren Krankenhausaufenthalt wurde ich „honorable discharged" (ehrenvoll entlassen). Ich kehrte nach Philadelphia zurück, um eine Enttäuschung reicher. Auf der Suche nach einem sinnvollen Leben beschloß ich, den Beruf zu wechseln, und fand eine Stelle als Maschinenschlosserlehrling. An der Drehbank verdiente ich sehr wenig. Ich sah mich deshalb nach einer etwas einträglicheren Nebenbeschäftigung um. Es war eine Wochenendstelle in einem Nachtlokal an der Autobahn zur Küste, wo ich ein gutes Geld verdiente. Sonntags ging ich dort in eine Dorfkirche. Eines Sonntags predigte der Pfarrer, daß man den Sonntag heiligen und nur das Allernötigste tun solle. Mir leuchtete ein, daß meine Arbeit mit der Predigt nicht übereinstimmte. Ich wollte aber ein frommer Bürger sein, ging deshalb zu meinem Chef und kündigte meine Stelle. Als ich das letzte Mal in die kleine Dorfkirche kam, fragte mich der Pfarrer am Ausgang, wo ich essen würde. Da ich es nicht wußte, lud er mich zum Mittagessen ein, um mich etwas besser kennenzulernen. Auf seine Fragen erzählte ich ihm bereitwillig, daß ich in der Schweiz geboren — darauf war ich immer besonders stolz —, in einer frommen Familie aufgewachsen, getauft und freiwillig konfirmiert sei, und daß ich in guten und schlechten Tagen öfters bete. Ich sprach mit solch ehrlicher Überzeugung, daß der Pfarrer mir alles glaubte."

Ernst machte eine Pause und dachte an jene Zeit zurück. Wie war er damals trostlos gewesen und heute so froh, auch wenn nicht alles wie am Schnürchen ging. Er schaute seine Gastgeber an: „Ich will noch den Rest erzählen, um Ihre Frage zu beantworten. Also zurück nach Philadelphia. Während ich morgens zur Arbeit fuhr, hörte ich im Autoradio oft einen gewissen Pastor Palmer, der ein sehr bekanntes Radioprogramm hatte. Seine ruhige Stimme begleitete mich auf der Fahrt. Irgendwie tat es mir gut, was er erzählte. Eines Tages sprach ein Gastredner, und ich vernahm, daß er am Abend im „Gospel Tabernacle" reden sollte. Da mir seine Stimme sympathisch war, beschloß ich, ihn dort zu besuchen. Es waren wenige Menschen anwesend. Ich setzte mich vorsichtshalber ganz hinten unter die Galerie, wo die Beleuchtung etwas schwächer war, und hörte mir die Predigt an. Dieser schlichte, einfache Mann predigte so eindrucksvoll und überzeugend, daß mir die Worte tief ins Herz drangen. Ich spürte, daß Gott mit mir reden wollte, und war bereit, auf ihn zu hören. Ich kann jenen Abend nicht vergessen. Es war wohl der bedeutsamste in meinem Leben. Als der Redner rief: „Wer heute Gottes Stimme hört und ihm antworten will, soll aufstehen!", sprang ich auf meine Füße. Ich hatte den Eindruck, es sei meine letzte Gelegenheit. Während ich der Einladung folgte und den langen Gang zum Altar hinabging, erfüllte mich mehr und mehr das freudige Bewußtsein: Das ist es, was ich mein Leben lang gesucht habe!"

„Und sehen Sie", Ernst wandte sich an seinen Gastgeber, „von dort aus müssen Sie meine jetzige Tätigkeit verstehen. An jenem Abend fing für mich nicht nur ein neues Leben, sondern zugleich auch ein neuer Dienst an. Drei Jahre besuchte ich danach eine theologische Schule und studierte die Bibel. Ich kehrte in die Schweiz zurück mit dem Wunsch, den Europäern zu erzählen, daß man in Amerika wirklich alles finden kann — sogar Frieden mit Gott."

„Dann sehen Sie Ihre Arbeit mit dem Helikopter auch als einen Gottesdienst an?" — „Der Gottesdienst in der Kirche ist nur ein Teil. Nach meinem Bibelverständnis ist die praktische Arbeit und der Dienst am Nächsten genauso wichtig. Mit der Helikopterarbeit verbindet sich beides zu einem Ganzen."

Als Ernst und Paul sich verabschiedeten, hatten sie Mohammeds Geburtstag fast vergessen. Der Botschafter erinnerte sie daran, das Rettungsboot am nächsten Tag in Empfang zu nehmen. Herzlich schüttelte er den beiden die Hand: „Herr Tanner, ich wünsche Ihnen auf Ihren Flügen Gottes Segen und viel Erfolg. Es war eine schöne Führung, daß wir uns kennenlernten . . ."

Kapitel 23

Die alte DC-7

Jedes Jahr hat seine Höhepunkte. Rückblickend sehen wir die Täler zwischen den Bergspitzen nicht mehr. Sie verblassen in Dunst und Dämmerung. Ähnlich erging es Ernst und Hedi, wenn sie sich an die ersten Jahre ihres Einstiegs in die Fliegerei erinnerten. Die ersten Monate jener Jahre gehörten Afrika — für Tanners eine Zeit der Trennung, eine Zeit des Verzichts. Die übrigen Monate des Jahres spielten sich ganz gewöhnlich ab. Meistens deutete nichts darauf hin, daß der Familienvater Pilot war. Es wurde einfach gearbeitet. Nur ab und zu war die Rede vom Jet Ranger oder vom „alten Heli", der in Grönland Geld verdienen mußte.

Während der Ferien, als die Familie das Zeltleben genoß, konnte es geschehen, daß ein Heli die Küste entlang flog. Dann streckten alle die Hälse und verfolgten den Brummer für kurze Augenblicke, fasziniert vom Fliegen, streitend, ob es ein Jet Ranger oder eine Hudges gewesen sei.

Neigte sich aber das Jahr dem Ende zu und pflegten die Kinder sich auf Weihnachten zu freuen, so flogen Ernsts Gedanken weit voraus. Nachts ordnete er all seine Ideen, und tagsüber setzte er sie in die Tat um: Auch im kommenden Jahr sollte in Äthiopien wieder massiv geholfen werden.

Im November startete er eine öffentliche Sammlung. Wie sehr war er Gott dankbar, daß ihm damit die Mittel zur Verfügung standen, um nochmals eine Chartermaschine voller

Güter nach Äthiopien zu senden. In welch gefährliches Abenteuer er sich damit eingelassen hatte, wußte er zum Glück nicht.

Durch Herrn Aegerter, Air Transport Consultants, charterte Ernst eine DC-7 der Air Management, Miami, USA. Die 20 000 Dollar — damals noch teure Dollar — für den Flug Zürich–Addis mußte er im voraus bezahlen. Nach intensiven und zeitraubenden Vorbereitungen — Kontakte mit den Behörden und Missionen in Äthiopien, Bereitstellen der Güter und Wahl der Mitarbeiter — war schließlich alles am 16. Januar 1975 in Kloten bereit: Ernst Tanner, Werner Fuchs, Georg Ackermann als Einsatzteam sowie Herr Ueli Soltermann als Helimechaniker. Er hatte sich einige Tage freigenommen, um die XCX in Kloten zu demontieren (Hauptrotor und Landekufen) und in Addis wieder zusammenzubauen. Auch Freunde und Bekannte waren auf dem Flugplatz erschienen, um zu helfen, Glück zu wünschen, den Abschied mitzuerleben.

In der großen Güterhalle überprüfte Ernst das Material. Beeindruckend war vor allem die Menge der Mehlsäcke, die auf siebzehn niedrigen Wägelchen aufgestapelt in einer langen Schlange warteten, insgesamt zwölf Tonnen Spezialmehl aus Weizen, Soja und Milchpulver, gespendet vom Schweizerischen Roten Kreuz. Ebenfalls bereit lagen das Bohrgerät, die Rohre und die dazugehörigen Pumpen, zwei VW-Motoren, der Heli sowie einige Schachteln Kleinmaterial. Interessiert trat Ernst dann auf den großen Platz hinaus, um nach der DC-7 Ausschau zu halten. „Das wird sie wohl sein", meinte er leicht enttäuscht zu Georg und deutete auf einen großen Vogel mit vier Propellern, dessen Rumpftüren offenstanden und an dessen äußerstem Motor ein Mechaniker arbeitete. Georg wußte nicht, was er davon halten sollte. Er fragte sich, ob er den Mut hatte, in diese alte Kiste zu steigen. Ein Mann in Jeans und offenem Hemd kam auf Ernst zu, stellte sich als Captain vor und erklärte, die Maschine müsse repariert werden und könne erst in zwei bis drei Tagen starten.

Was gab es da zu diskutieren? Ernst mußte sich wohl oder übel mit den Tatsachen abfinden. Er vereinbarte, sich in zwei Tagen telefonisch wieder zu melden und fuhr zurück nach Trogen.

Das Beladen des großen Flugzeugbauches ging am übernächsten Tag flott voran. Ernst fragte sich nur, wo er und sein Team sitzen sollten. Im Cockpit befanden sich drei Sessel. Ernst zählte die Besatzung: drei Mann. Sonst weit und breit keine Sitzgelegenheit, aber ringsum Schlitze und Spalten, durch die der frische Januarwind jetzt schon pfiff. Wie sollte das werden? Was war das für eine Gesellschaft, diese Air Management? Langsam machte sich Ernst Sorgen. Wie stand es wohl mit Versicherungen? Ja, die Fracht sei versichert — aber die Passagiere? Das sei eben kein Passagierflugzeug!

„Und wie lange denken Sie, Mister Joe, bis Addis zu fliegen?" — „Ungefähr zwölf bis vierzehn Stunden, Abflug morgen früh, o.k.?"

Zwei Dinge erschienen Ernst nun wichtig: Er schloß eine Lebensversicherung für alle vier Passagiere ab, gültig zwei Tage. Dann fuhr er nochmals nach Hause und sammelte Wolldecken und Schlafsäcke, um sich in der DC-7 vor dem Erfrieren zu schützen.

Der 20. Januar kam, und die DC-7 rollte zum Start. Unter Aufbieten der letzten Schubkräfte und Ausnützen des letzten Meters der Startbahn hob sie endlich ab und flog tief über die verschneite Zürcher Landschaft ostwärts.

Diesmal hätte Hedi wirklich Ursache gehabt, sich zu ängstigen. Zum Glück wußte sie nicht, in welchen Gefahren ihr Liebster schwebte. Die erste Nachricht erhielt sie aus Athen, wo die Maschine aus „technischen Gründen" landen mußte. Kaum standen die Propeller still, stieg der vierschrötige Mechaniker auf seine Leiter, löste das Gehäuse des Motors und ließ es scheppernd zu Boden fallen. Halb starr vor Kälte stiegen die vier Männer aus ihrem unbequemen, dunklen Verlies. „Wann geht's weiter?" — „Frühestens um Mitternacht." Das waren schlechte Nachrichten.

Auf dem Flugplatz gab es wenigstens etwas Warmes zu essen. Sie trösteten sich, indem sie sich gegenseitig die abenteuerlichsten Geschichten erzählten, vor deren Hintergrund ihre gegenwärtige Situation als geradezu idyllisch erschien. Mitternacht war längst vorüber, als der Captain mit einem sauren Lächeln verkündete, er bekomme leider erst ab fünf Uhr früh Starterlaubnis. Die Herren holten sich wohl oder übel ihre Schlafsäcke und suchten sich in der Halle, so gut es eben ging, einen Schlafplatz. Gemütlich war es nicht, aber wenigstens sicher.

Die nächste Etappe brachte die klapprige DC-7 übers Mittelmeer bis Kairo. Hier aber mußten Ersatzteile beschafft werden, und der Captain riet seinen Passagieren, sich ein Hotel zu suchen und eine Fahrt zu den Pyramiden zu machen. Es werde bestimmt zwei Tage dauern. „Gut", meinte Ernst, der die Hoffnung, nach Addis zu kommen, noch nicht aufgegeben hatte, „hier ist ja wohl alles im Preis inbegriffen", was der Amerikaner mit einem mitleidigen Kopfschütteln verneinte.

Am dritten Tag war die Maschine wieder „in Ordnung", und betend suchte sich Ernst einen Platz zwischen den verschiedenen Kisten und Säcken. Etwas bange war wohl jedem, als sich der Kasten mit ohrenbetäubendem Lärm und feuerspeienden Motoren wieder in die Luft erhob. Ernst konnte durchs Fenster über den Flügel mit den beiden Propellern hinunter auf die Wüstenlandschaft sehen. Inbrünstig dankte er seinem himmlischen Vater für das Bewußtsein, in Gottes Händen geborgen zu sein. Lange saß er in Gedanken versunken und horchte auf das Brummen der Motoren. Er dachte daran, daß die Versicherung, die er für sein eigenes und das Leben seiner Freunde abgeschlossen hatte, schon längst abgelaufen war. Ihre Sicherheit lag nun in den Händen eines Höheren.

Irgendeine Änderung in der Geräuschkulisse ließ ihn aufschauen. Irrte er sich, oder waren sie schon gelandet? Der äußere Propeller drehte sich langsamer, und nach wenigen

Sekunden stand er still. Ernst erhob sich und ging aufgeregt ins Cockpit. „Was ist das?“ Er zeigte auf den stummen Motor. „Well, wir müssen in Djibouti landen“, meinte der Captain seelenruhig. „Mit drei Motoren steigen wir nicht nach Addis hinauf.“ Sprach’s und schaute weiter zum Fenster hinaus.

Nun war Ernsts Geduld zu Ende. Trotz des Widerstandes des Captains ließ er den Heli in Djibouti ausladen. Ueli Soltermann setzte ihn in kürzester Zeit zusammen. Auch er hatte es eilig, denn er sollte längst an seiner Arbeit in der Schweiz zurück sein. In letzter Minute rannte er über den Flugplatz zur bereitstehenden Swissair.

Georg Ackermann opferte sich, bei der DC-7 zu bleiben und die Fracht zu bewachen, während Ernst und Werner den Heli starteten und mit ganz neuen, sicheren Gefühlen hinauf nach Addis flogen. Am nächsten Tag landete Georg ebenfalls in Addis, stieg aus und erzählte atemlos, daß sie nach dem Start in Djibouti wegen eines brennenden Triebwerks umkehren mußten und erst nach einer weiteren Reparatur nach Addis fliegen konnten. Der schlaue Mechaniker hatte den Auspuff verkehrt montiert.

Der erste Brief, den Hedi aus Addis bekam, fing so an: „Nun ist der Piratenflug zu Ende ...“

Kapitel 24

Notlandung

Ernst hatte die Stämme, von denen jener Missionar gesprochen hatte, nicht vergessen. Das Gebiet im Süden des Landes, die Provinz Gemu-Gofa, war das Ziel, das er ins Auge gefaßt hatte. Und er fand sie: die Mursi mit den schrecklichen Tellerlippen, die Bodi, nackte wilde Mörder, und die Quegu, angsterfüllte Nomaden, von den Bodi gejagt. Zu all diesen Stämmen flog der Heli und brachte die Botschaft vom Gott der Liebe.

Noch einer durfte diese Liebe Gottes erleben, die Ernst nach besten Kräften weitergab:

Zwei Schweden, Graf Carl Gustav von Rosen und sein Sohn Eric von Rosen, arbeiteten mit vier Flächenflugzeugen in der äthiopischen Katastrophen-Hilfe. Sie warfen Lebensmittel, in Säcke verpackt, wie Bomben aus ihren tieffliegenden Saab-Maschinen ab.

Eine dieser Maschinen, mit Eric von Rosen als Pilot, stürzte hoch in den Bergen ab. Ernst konnte die drei verletzten Insassen mit dem Heli ins Spital von Arba Minch fliegen. Einer der drei war ein bekannter schwedischer Journalist. Dieser schrieb einen Bericht über ihre Rettung:

„. . . wir mußten mit einem Äthiopier in ein Gebiet fliegen, in dem eine Epidemie ausgebrochen war, um Medikamente zu bringen. Nachdem wir etwa eine halbe Stunde geflogen waren, stürzten wir wegen starkem Abwind in ein Flußtal ab. Wie durch ein Wunder blieben wir alle am Leben. Unser Flugzeug wurde aber total zerstört. Es überschlug sich und landete glücklicherweise in einem Busch, der den Schlag ein wenig dämpfte. Wir hatten schwere Rückenverletzungen, eine Menge Wunden im Gesicht sowie Gehirnerschütterungen. Nach großen Anstrengungen und mit Hilfe von herzueilenden Flußtalbewohnern gelang es uns, ins nahe Dorf zu kommen. Dafür brauchten wir drei Stunden. Die Notrufanlage des Flugzeugs konnte uns nichts nützen, weil es keinen Flugverkehr über dieser Gegend gab; aber zwei Knaben aus dem Dorf waren bereit, in die nächste Stadt zu laufen. Das dauerte allerdings acht Stunden. Von dort aus alarmierte der norwegische Missionar sofort Erics Vater, den Piloten Carl Gustav von Rosen, der am nächsten Morgen mit Ernst Tanner Kontakt aufnehmen konnte. Um 12 Uhr mittags flog von Rosen in seinem Flugzeug und gleichzeitig Ernst Tanner in seinem Helikopter über das Dorf. Von Rosen konnte nicht landen, aber für Tanner war es kein Problem. Er landete ganz nahe bei uns. Dies war für uns ein großes Erlebnis. Wir hatten schon einen ganzen Tag gewartet, und ich hatte schon beinahe die Hoffnung aufgegeben, Hilfe zu bekommen, weil ich mich erinnerte, daß Ernst Tanner, dem ich früher begegnet war, gesagt hatte, er werde diese Gegend verlassen. Zum Glück hatte er das noch nicht getan. Ich wage kaum zu denken, wie es uns ergangen wäre, wenn Tanner mit seinem Helikopter nicht gekommen wäre. Wir waren so schwer verletzt, daß wir weder gehen noch Maultier reiten konnten. Ich wußte, daß wir Spitalpflege brauchten — so schnell wie möglich. Im Dorf gab es niemanden, der unsere schmutzigen Wunden auswaschen konnte. Ich bezweifle sogar, daß wir am Leben geblieben wären. Nun brachte Tanner uns in einer halben Stunde in das norwegische Missionshospital, wo wir bestens gepflegt wurden.

Ich bin überzeugt, daß Tausende in dieser undurchdringlichen Berggegend großen Nutzen von der uneigennützigen Arbeit der Helimission haben werden. Die Aufgaben sind riesig! Die Leute, die die Helimission unterstützen, sollten meiner Meinung nach wissen, welch enorme Bedeutung die Arbeit von Ernst Tanner dort hat, und darum möchten Eric von Rosen und ich denjenigen, die hinter der Helimission stehen, ganz herzlich danken.

Lars Braw, Redaktionschef
der schwedischen Zeitung ‚Kvällsposten'."

Der zweite Markstein dieses Jahres war ebenfalls kein Höhepunkt, sondern ein Tiefpunkt, nämlich eine Notlandung nach einem Triebwerkausfall. Ernst war mit einem äthiopischen Gouverneur unterwegs, als die Turbine plötzlich aussetzte. Er leitete sofort eine Autorotation ein, suchte die Gegend nach einem möglichen Landeplatz ab, sank schnell gegen eine sanfte Halde, über einige magere Kühe hinweg, bremste die Geschwindigkeit ab und stellte den Heli — unsanft zwar, aber doch unter Kontrolle — in eine Wiese. Die Landekufe an der Bergseite wurde eingedrückt, diejenige auf der Talseite stand auf einem großen Ameisenhaufen, der den Heli vor dem Überkippen bewahrte. Beide stiegen aus. Als Ernst dem immer noch ahnungslosen Gouverneur erklärte, was passiert war, umarmte dieser Ernst überschwenglich und rief eins übers andere Mal: „God has saved our lives, you are a great man!" (Gott hat unsere Leben gerettet, du bist ein großartiger Mann!) Schnell war das Unglück gekommen, aber lange dauerte es, um es wieder gutzumachen. Ein Glück, daß der äthiopische Beamte dabei war. Er marschierte zum nächsten Dorf, alarmierte die Polizei, organisierte eine Wache und gab Nachricht ans Missionszentrum.

Als Hedi in Trogen die deprimierende Nachricht erhielt, schrieb sie an alle Freunde und Gönner in der Schweiz:

„Am 24. Februar war die Bewegungsfreiheit unseres Heli leider zu Ende. Nach einer harten Notlandung konnten zwar beide Insassen die Maschine unverletzt verlassen, doch ist es bis heute nicht gelungen, den Heli wieder zu starten. Ein Mechaniker der Heliswiss ist nach Äthiopien geflogen. Es scheint eine komplizierte Sache zu sein. Ich hoffe, bald einen positiven Bericht geben zu können."

Und als Nachschrift: „Soeben erfahre ich, daß große Teile des Heli ausgebaut und zur Kontrolle in die Schweiz geschickt werden müssen. Die Kontrolle wird ungefähr einen Monat dauern. Ernst wird deshalb in den nächsten Tagen heimkommen. Eine traurige und zugleich frohe Nachricht!"

Ernst stand sprachlos vor seinem Helikopter. Er konnte nicht begreifen, daß er nicht mehr fliegen wollte. Weshalb nur hatte die Turbine plötzlich ausgesetzt? Weshalb hier an diesem verlassenen Ort, in dieser zerklüfteten, unbewohnten Gegend? Die Turbine, das Herz, schlug nicht mehr. Wie sollte er hier wegkommen? Wie weit entfernt war wohl die nächste Straße? Er setzte sich in den Schatten der Maschine und betete.

Was nun folgte, war eine langwierige Prozedur. Zurück in der Hauptstadt, setzte sich Ernst mit der Heliswiss in der Schweiz in Verbindung. Sie wollten einen Mechaniker senden, der den Heli kontrollieren sollte. Zusammen mit diesem Mechaniker machte sich Ernst von Addis auf den Weg zum Heli, zuerst per Auto, dann zu Fuß. Nun begann eine harte Arbeit unter der heißen Sonne Afrikas. Die Turbine wurde ausgebaut, der Schwanz — er hatte durch den Aufschlag einen leichten Knick bekommen — und verschiedene Instrumente wurden abmontiert und in Kisten verpackt. Viele einheimische Helfer trugen die Lasten zur Straße. Von Addis Abeba aus wurde alles in die Schweiz geschickt.

Auch Ernst kam in die Schweiz zurück, müde, abgekämpft, krank. Er hatte sich kaum ein wenig erholt und fing an, mit seinen Kindern die Frühlingsferien zu genießen, da traf ihn ein zweiter Schlag.

Ernst war nicht zu Hause, als Hedi am Ostermontagabend ein seltsames Telefongespräch hatte, aus dem sie nicht ganz klug wurde. Eine Frau meldete sich und sprach von einem Helikopter, der von Basel nach Bern unterwegs sei. Auf Hedis ängstliche Fragen gab sie sehr ausweichende Antworten, sagte nur immer wieder, daß im Jura viel Schnee läge und der Helikopter deshalb nicht weiterkomme, und es sei vielleicht etwas passiert. Auf die Frage nach dem Piloten erwiderte sie, er werde noch anrufen. Verwirrt und erschrocken blieb Hedi vor dem Telefon sitzen. Was war geschehen? Was ging sie dieser Helikopter an? War es die alte XDK? Sie war in Basel, das stimmte. Sie war vermietet, das stimmte auch. Warum telefonierte der Pilot nicht selber? Warum diese unbekannte Frau? Sie schien sehr aufgeregt und betroffen zu sein.

Noch am selben Abend klärten sich diese Fragen. Die XDK war bei schlechtem Wetter von Basel über das Juragebirge geflogen, konnte aber mit drei Passagieren eine Höhe nicht überfliegen, landete deshalb, um zwei Passagiere aussteigen zu lassen. Beim Versuch, wieder zu starten, überschlug sich die XDK und fing Feuer. Beide Insassen konnten hinausspringen und sich retten. So ungefähr sah die Situation aus, die Hedi sich aus den vielen widersprüchlichen Angaben zusammenfügte. Ein ungeheurer Druck legte sich auf ihre Seele. „Wenn Ernie nur hier wäre! Ich kann dieses Unglück allein nicht tragen“, weinte sie vor sich hin. Die alte Jot! Sie war die erste Maschine — Inbegriff eines schweren Anfangs. Alles hatten Ernst und Hedi in sie investiert. Mit ihr hatte ein neuer Abschnitt in der Missionsgeschichte begonnen. Sie war hin. Hedi konnte es nicht fassen.

„Das Werk muß mit Feuer geprüft werden“, sagte Ernst, als er die Hiobsbotschaft vernahm.

Die ganze Arbeit mit Helikoptern schien in Frage gestellt. Eine Maschine zerstört, die zweite in Reparatur. Ob Gott wohl seinen Segen zurückgezogen hatte?

4. Teil

Kapitel 25

Geiselbefreiung in Bulki

Trotzdem brannte Ernst darauf, seine Hilfsflüge in Äthiopien fortzusetzen. Am 19. April war es soweit. Gestärkt an Leib und Seele, voll Tatendrang und Glaubensmut, verließ Ernst sein trautes Heim in Trogen, um zusammen mit zwei Mechanikern, der neuen Turbine und verschiedenen Kisten per Ethiopian Airlines nach Addis zu fliegen. Von Bulki, einem kleinen Flugplatz im Süden des Landes, brachte ein Lastwagen alles Material in die Nähe des gestrandeten Heli. Von dort wurden die schweren Lasten von Einheimischen zum Charly getragen. Als Dank für diesen außerordentlichen Liebesdienst schickte Hedi Sommerkleider und Strickjacken nach Bulki, die sie bei ihren Freunden in der Schweiz gesammelt hatte.

Nach wenigen Tagen war Charly wieder „airborn“, also lufttüchtig.

Georg, der während der Kontroll- und Reparaturarbeiten in Äthiopien geblieben war und in einer Missionsstation gearbeitet hatte, war wieder dabei — ein treuer Helfer, der mit Ernst Freud und Leid teilte.

In Bulki gab es nicht nur einen kleinen Flugplatz, sondern auch eine Missionsstation, für die gerade die Landepiste fertiggestellt worden war. Nun wurde die Missionsarbeit unter der kommunistischen Regierung immer schwieriger. Einfache Menschen wurden aufgewiegelt, verweigerten plötzlich grundlos den Gehorsam. Andere fürchteten, ihren Job zu verlieren, falls die Missionare, Lehrer und Krankenpfleger das Land verlassen würden. In zwei Fällen kam es so weit, daß die eigenen Angestellten die Missionare einsperrten, um sie am Fortgehen zu hindern.

Einer dieser Orte war Bulki, und die Missionare hießen Ratslif. Die Situation war so extrem, daß Bruder Ratslif nacheinander zwei Herzattacken erlitt und unbedingt in ein Spital eingeliefert werden sollte.

Der Lehrer von Bulki, ein Äthiopier, ließ Bruder Ratslif nicht aus dem Haus, und die Regierung erlaubte auch nicht, daß ihn ein Flugzeug abholen durfte.

Als Ernst von diesem Notfall erfuhr, telefonierte er mit Generalgouverneur Mobratu in Addis Abeba. Mobratu war Gouverneur der Gemu-Gofa-Provinz. Er war ein kleiner, freundlicher Äthiopier und genoß in Arba Minch, wo er zu Hause war, ein hohes Ansehen. Da Ernst seine Basis ebenfalls in Arba Minch hatte, kannten sie sich gut, waren sogar gute Freunde geworden. Als der General von den schwierigen Umständen in Bulki hörte, versprach er Hilfe. Nach kurzer Zeit telefonierte er zurück: „Herr Tanner, nehmen Sie den Polizeichef von Arba Minch, holen Sie den Polizeichef von Felega Naway ab und fliegen Sie mit den beiden nach Bulki, um Herrn und Frau Ratslif noch heute ins Spital zu bringen. Ich habe beiden Männern Instruktionen gegeben."

Der Polizist von Arba Minch, ein kräftiger, hochgewachsener Mann, war in kürzester Zeit beim Heliport. In Felega Naway stieg der zweite Mann in den Heli, und Ernst flog steil zu den Berggipfeln empor, diesem Gebirgszug, der das Omotal von der übrigen Welt trennt.

Die Landung in Bulki war jedesmal ein Wettkampf mit dem Wind. Links des Landeplatzes standen die vier Gebäude der Missionsstation, rechts, am Hang, lag das Dörfchen. Ernst näherte sich und sah nur einige Kinder, dann auch Erwachsene, den Fußweg hochlaufen, einige mit Gewehren bewaffnet. Die Atmosphäre schien gespannt. Während die

Turbine abkühlte, erreichten die Leute den Platz. Außer Atem, in Schweiß gebadet, umstellten sie den Helikopter.

Ernst wird den Schrecken nie vergessen, der sich auf ihren Gesichtern abzeichnete, als die beiden Polizisten plötzlich aus dem Heli stiegen. Wie Statuen blieben sie vor der Menge stehen, und niemand wagte, sich nur zu bewegen. Endlich befahlen sie den Leuten, sich zu setzen. Kinder und Hunde wurden fortgejagt. Dann wurde einer beauftragt, Bruder Ratslif zu holen. Mühsam kam er daher. Als er Ernst erblickte, erhellte sich sein Gesicht, und überrascht grüßten sie sich.

Erst jetzt gab der Polizist einem Ältesten des Dorfes die Gelegenheit, eine Erklärung abzugeben. Er brachte einige lächerliche Beschuldigungen gegenüber diesem alten, treuen Missionar vor. Dann konnte Ratslif das Wort ergreifen: „Ich habe mit euch eine Schule gebaut, eine Straße, zum Teil mit meinen eigenen Händen. Mein Haus war für alle zu jeder Zeit offen. Und nun behandelt ihr mich wie einen Feind, weil ich gehen will, weil ich gehen muß. Ich hatte zwei Herzanfälle, denn es bricht mir das Herz ..." Er brach in Tränen aus. Es war still.

Nun war Ernst dran: „Ich habe Befehl von General Mobratu, Herrn Ratslif ins Spital zu fliegen. Es ist jetzt bald fünf Uhr. Damit ich bei Tageslicht das Spital erreiche, muß ich in fünfzehn Minuten starten. Ich bitte Herrn Ratslif, sich bereit zu machen."

„Ich bin seit zwei Wochen bereit!" rief dieser, und schon brachte seine Frau zwei Koffer herbei. In kürzester Zeit war der Helikopter beladen. Ernst freute sich, als die Maschine abhob und eine verblüffte Menschenmenge hinter sich zurückließ. Ob sie erkannte, was sie verlor? Einen Vater, einen Freund, einen Ratgeber und Helfer? Es war zu spät. Jahrelang kam kein Helikopter und kein Missionar mehr nach Bulki.

Kapitel 26

Vier Briefe und kein Ende

Eines Morgens brachte der Postbote wie gewöhnlich einen ganzen Bündel Post ins Haus „Salem". Hedi zog schnell die blauen, mit Herzklopfen erwarteten Aerogramme hervor. Schnell zupfte sie an der ersten Ecke. Richtig, es war Ernsts Schrift. Eine große „Drei" war daraufgemalt. Was das wohl zu bedeuten hatte? Aha, auf einem andern Brief war eine „Zwei". Da fehlte nur noch die „Eins". Hedi fand sie sofort und gleich dabei auch Nummer „Vier". Sie setzte sich an den Küchentisch. Jetzt war alles andere nebensächlich. Briefe! Wie leicht konnten sie verlorengehen, liegenbleiben, gestohlen oder durch Streiks sabotiert werden. Diesmal hatten sie es geschafft, den weiten Weg aus Äthiopien in die Schweiz, aus der Wüste, aus dem Dschungel oder aus den Bergen Afrikas zu den friedlichen Hügeln des Appenzellerlandes.

Bedächtig schlitzte Hedi den ersten Brief mit dem Küchenmesser an drei Seiten auf. „Mein liebstes Fraueli . . ." Ihr Herz klopfte, und eine Welle liebender Empfindungen ließen ihre Hände, die den Brief hielten, erzittern. Ernsts Schrift war nicht, wie sonst, großzügig. Dichtgedrängt stand da Zeile an Zeile:

„Wie geht es Dir? Ich hoffe, Du bekommst den Brief diesmal sehr schnell. Ich sitze nämlich weit draußen im Busch, auf einem einsamen Hochplateau, mitten auf einem verwahrlosten Landeplatz. Vielleicht stammt er von einer ehemaligen Ölsucherfirma. Es gibt keine Hütte oder Unterkunft oder ähnliches in der Umgebung. Ich mußte hier landen, weil mir der Treibstoff fast ausgegangen ist.

Georg und ich machten uns schon bereit, um den Heli von Addis nach Kamerun zu fliegen, als ich von der Regierung gebeten wurde, einen Hilfsflug zu machen. Etwa 150 Studenten seien durch einen überschwemmten Fluß von der Versorgung abgeschnitten, und wir sollten ihnen Medikamente, Wasser und Nahrungsmittel über den Fluß fliegen. Das Gebiet liegt ganz im Osten von Äthiopien, in Ogaden, also recht weit von Arba Minch. Ich besaß keine gute Flugkarte von Ogaden — alles war schon in Addis verpackt — und überlegte lange, ob ich es wagen sollte. Schließlich sagte ich zu. Georg half mir, den Reservetank einzubauen. Wir tankten voll und starteten. Ich hatte eine Michelin-Karte und konnte darauf wenigstens einige Flüsse und die Ortschaft Kelafo erkennen, die unser Ziel war. Durch einen Fehler in der Treibstoffanzeige hatten wir aber nur halb voll getankt. Das bemerkte ich erst nach etwa einer halben Flugstunde. Der Most hätte trotzdem gereicht, wenn ich Kalefo schneller gefunden hätte.

Wir waren schon vier Stunden unterwegs und sollten jetzt endlich auf den überschwemmten Skibeli-Fluß treffen. Im Abendlicht glitzerte unter uns viel Wasser. Wir sanken freudig zwischen den Wolkentürmen hinunter. Nach rund 600 km Wüste mitten in der Einöde diese Wassermassen! Ich landete in der Nähe einiger Hütten und fragte nach Kalefo. Einige kummervolle Gestalten wiesen uns flußaufwärts. Welch grauenvoller Anblick. Überall lagen verendete, stinkende Tierkadaver. Mit den letzten Sonnenstrahlen und den letzten Gallonen Treibstoff starteten wir nochmals. Während wir zurückflogen, erkannten wir das Ausmaß der Überschwemmung: kilometerweit Wasser, Sandbänke, Büsche, so daß man den ursprünglichen Flußlauf gar nicht mehr erkennen konnte.“

Der Brief war zu Ende, Hedi griff gespannt zum zweiten und las begierig:

„Nördlich des Flusses stieg das Gelände steil zu einem leicht bewaldeten Hochplateau an. Auf der Höhe entdeckte ich einen großen Flugplatz. ‚Das könnte Gode sein, hier auf der Karte ist ein Militärflugplatz in Gode eingezeichnet! Bestimmt gibt es hier Treibstoff!‘ Unsere Hoffnung wurde bald zerschlagen. Beim Überfliegen erkannte ich, daß der riesige Platz ganz verlassen war. Schweren Herzens entschloß ich mich dennoch zur Landung.

Sofort schoß ich zwei Leuchtraketen ab in der Hoffnung, in Gode gesehen zu werden. Im letzten Abendlicht suchten wir Holz für ein Feuer, um uns Raubtiere vom Leib zu halten. Nach einer unbequemen Nacht versuchten wir in aller Frühe, Kelafo zu Fuß zu erreichen. Sorgfältig schloß ich den Heli ab und bat Gott um seinen Schutz. Wir versuchten, uns einigermaßen zu orientieren, indem wir in die weite Ebene mit dem überschwemmten Fluß hinunterschauten. Auf einer Straße marschierten wir Richtung flußaufwärts. An verschiedenen Tümpeln filterten wir Wasser, tranken und nahmen einen Vorrat mit. Es war furchtbar heiß. Wir banden unsere Pyjama um den Kopf. Nach langem Marsch dehnte sich vor uns eine unabsehbare Ebene ohne Baum und Strauch. Wir hatten nur noch einen halben Liter Wasser. Weitergehen oder umkehren? Es war eine harte Entscheidung. Wir entschlossen uns, umzukehren. Das war unsere Rettung.

In der Nähe des Flusses sahen wir Hütten. Georg watete durch knietiefes Wasser und kam mit zwei Männern zurück. Es war schon halb sechs Uhr abends. Wir baten die beiden, mit einer Botschaft nach Kelafo zu laufen. Ich bot ihnen acht Dollar. Sie verlangten sechzehn. Was blieb mir übrig, als zu bezahlen. Der eine erinnerte sich, daß er krank sei und Medizin brauche, die ebenfalls acht Dollar koste. Ich gab sie ihm. Wir trennten uns, nicht ohne den Männern die Bedeutung ihres Marsches noch einmal vor Augen zu führen.

Wir suchten den Weg zurück zum Helikopter. Es war

schon dunkel. Unheimlich drangen die Schreie der Wildnis an unsere Ohren. Wir waren beide erschöpft, entmutigt und am Ende unserer Kraft. Nach langer Zeit — wir waren uns des Weges schon lange nicht mehr sicher — fanden wir uns wieder auf der Hochebene und sahen auf dem weiten Platz unseren Heli im fahlen Mondlicht stehen."

Hedi seufzte. Sie öffnete die Nummer drei. So dazusitzen und nicht helfen zu können, das war hart. Ob die Sache gut ausging?

„Als ich die Helitüre aufschloß, erschrak ich gewaltig. Das eine Seitenfenster war zerbrochen. Jemand hatte versucht, den Heli gewaltsam zu öffnen. Die Scheibe war genau dort gesprungen, wo ich am Morgen meine Hand draufgelegt und Gottes Schutz erfleht hatte. Gott sei Dank! Ohne diesen Schutz wäre der Heli ausgeplündert und unser kostbares Wasser gestohlen worden!

Die zweite Nacht. Das Bewußtsein, daß Menschen uns beobachteten, irgendwo in der Nähe, war nicht gerade beruhigend. Wir waren auf der Hut. Ich schlief im Heli, Georg darunter. Jede Stunde rasselte der Wecker, damit wir Holz aufs Feuer legen und unsere Lagerplätze wechseln konnten.

Bei Anbruch des Tages warteten wir auf Hilfe. Wenn die Männer gestern abend losmarschiert wären — so rechneten wir — könnten sie gegen Mittag zurück sein. Gegen halb elf Uhr tauchten am Rande des großen Feldes drei Gestalten auf. Es waren unsere Freunde von gestern, die einen dritten mitbrachten, der ebenfalls für acht Dollar nach Kelafo marschieren wollte. Statt vier Stunden nach Kelafo zu gehen, brauchten sie zwei Stunden von ihrer Hütte zum Heli, um uns nochmals acht Dollar abzuknöpfen. Was willst du machen? Sie brachten Tee und einige sandige Brötchen mit. Ich legte nochmals acht Dollar dazu. Um diesmal sicherzugehen, beschlossen wir, daß Georg mit ihnen ziehen sollte. Gemütlich spazierten sie los und ließen mich bangend zurück.

Mancherlei Gedanken kommen und gehen in einer solchen Situation. Ich hatte jedenfalls Mühe, unbesorgt zu sein, das kannst Du mir glauben.

Am Nachmittag kamen zwei Männer aus einer anderen Richtung zu Besuch. Sie waren durstig und baten um Wasser. Von meinem kostbaren Vorrat schenkte ich einen Becher ein und deutete, sie sollten ihn teilen. Der erste stürzte den ganzen Becher in seine durstige Kehle und hielt mir den Becher wieder hin. So opferte ich einen zweiten. Sie wollten auch Kleider und ich weiß nicht was noch. Ohne Dank und Gruß verließen sie mich wieder. Ich schaute ihnen nach, glücklich, wieder allein zu sein."

War das eine lange Geschichte! Der vierte Brief wird wohl vom glücklichen Ende erzählen, dachte Hedi und begann, neugierig weiterzulesen.

„Mein Abendbrot bestand aus einem Becher Wasser und einem halben Becher Haferflocken. Ich schlief ein, ohne mich um das Feuer weiter zu kümmern. Ich war zu müde.

Um zehn Uhr schreckte mich das Heulen eines Löwen aus dem tiefen Schlaf. Eine halbe Stunde später erwachte ich wieder. Diesmal weckte mich der Ruf einer Männerstimme. Im Licht der Stablampe sah ich drei Männer über den weiten Platz auf mich zukommen. Einer von ihnen hielt etwas Rotglänzendes in die Höhe. Beim Näherkommen erkannte ich eine Thermosflasche. Ob die drei von heute früh nochmals zurückkamen? Nein, es waren drei Fremde, die mir heißen Tee anboten. Was wollten sie zu dieser Nachtstunde? Die gesprungene Scheibe kam mir in den Sinn. Ob diese hochgewachsenen Somalier versucht hatten, in den Heli zu gelangen? Ob ich ihnen geben sollte, was sie unbedingt haben wollten? Doch — was wollten sie nur?

Sehr mißtrauisch setzte ich mich zu ihnen auf den Boden und trank vom starken, heißen Tee. Einer stand auf und musterte den Heli eingehend, mit neugierigen Blicken und neugierigen Händen. Ich gab ihm zu verstehen, daß er seine Hände weghalten sollte. Er untersuchte das Türschloß weiter und öffnete die Tür. Ich stand auf und schloß sie wieder. Der Kerl fing an, zu schimpfen, mit den Händen zu fuchteln und zu drohen.

Ich erschrak. Das war also ihre Absicht — streiten. Meine furchtsame Haltung wich einer entrüsteten Entschlossenheit. Ich versuchte, den Mann, der seine Angriffslust fortwährend steigerte, zu beschwichtigen. Da spürte ich eine Bewegung hinter mir und drehte mich um. Die andern beiden erhoben sich und zogen Gewehre aus ihren langen Gewändern . . ."

Mit immer kleiner und enger werdenden Buchstaben endete der Brief. Wo blieb Nummer fünf? Hedi drehte und wendete den Brief, nach einer Fortsetzung suchend, nach allen Seiten. Nichts als die Adresse, der Absender, die Nummer vier.

Die anfängliche Freude über die vielen Briefe war einem ängstlichen Fragen gewichen. „Aber dennoch", tröstete sich Hedi, „irgendwo müssen die Briefe ja zur Post gelangt sein, irgendwie muß mein Ernie aus jener mißlichen Lage herausgekommen sein." Sie faltete die Briefe zusammen und ging zur Tagesordnung über.

Georg erreichte mit den drei Männern nach langem, mühsamem Marsch die Missionsstation in Kelafo, übernachtete dort und fuhr am nächsten Morgen mit dem Landrover, dem Missionar und vier Äthiopiern zum riesigen Flugfeld zurück. Von weitem erblickten sie den Helikopter, daneben den Reservetank, auf dem eine interessante kleine Kanone montiert war. Ernst erhob sich freudig und jubelte dem Fahrzeug entgegen, das in höchstem Tempo heranraste und einen riesigen Staubschweif hinter sich herzog.

Ernst war so ergriffen über die eingetroffene Hilfe, daß er kaum sprechen konnte. Gemeinsam dankten sie Gott für seine Hilfe in der Not. Dann erzählte Ernst, was er in der vergangenen Nacht erlebt, wie er beim Anblick der Gewehre seine Arme zum Himmel emporgerissen und Gott laut um Hilfe angerufen hatte.

„Da erinnerte ich mich plötzlich an zwei Leuchtraketen, die ich in der Hemdtasche hatte, riß sie heraus — in jeder Hand eine — streckte sie den Räubern entgegen und rief, so laut ich konnte: Macht, daß ihr fortkommt! Erschrocken und unsicher wichen sie etwas zurück, zweifelten aber wahrscheinlich an der Echtheit meiner Waffe. Einer hob einen Stein und war im Begriff, ihn mir an den Kopf zu schmeißen. Da drückte ich ab und schoß die Rakete direkt über seinen Kopf. Er ließ den Stein fallen und wich etwas zurück. Ich rief laut zu Gott um Hilfe und Bewahrung meines Lebens. Zitternd vor Angst, Aufregung und Müdigkeit hielt ich ihnen meine Raketen entgegen, von denen eine schon leer war. Hätten sie den Schwindel gemerkt, wäre ich verloren gewesen. Rückwärts gehend, zogen sie sich zurück. Schnell wie eine Katze erhaschte der eine noch die Thermosflasche. Ein zweiter griff nach Steinen und warf sie mir entgegen. Ich hörte sie an meinem Kopf vorbeisausen. Einer traf den Helikopter, seht ihr, dort schlug er die Fußscheibe ein."

Ernst erregte sich aufs neue bei der Erinnerung an das furchtbare Erlebnis. „Als sie in einiger Entfernung noch immer stehenblieben, holte ich meinen Fotoapparat und blitzte ihnen nach, so daß sie sich endlich entfernten."

„Was hat denn dieses Maschinchen hier zu bedeuten?" wollte der Missionar lachend wissen, „ist das eine Attrappe?" und deutete auf das Geschütz auf dem Reservetank.

„Nun, das sind meine zwei letzten großen Leuchtraketen — für alle Fälle."

Am nächsten Tag ertönte der langersehnte Motorenlärm am Himmel. Ein Flugzeug landete, und bald war der gestrandete Heli aufgetankt.

Glücklich verließ Ernst das Reich der Räuber, Löwen und Aasgeier, um eine Erfahrung der Güte und Treue Gottes reicher.

Kapitel 27

Erweitern — aber wie?

Solange die HELIMISSION — so nannte Ernst das Werk, das seit 1974 eine Stiftung mit Statuten und einem Stiftungsrat geworden war — nur einen Helikopter besaß und Ernst ihn selber fliegen konnte, solange die Maschine in der Trockenzeit Afrikas den Missionaren diente und Ernst während der übrigen Zeit des Jahres durch seine Dokumentarfilme in der Schweiz die nötigen Finanzen beschaffen konnte, blieben die Probleme auf ein Minimum beschränkt. Mit der Erweiterung der Flotte von einem auf zwei Maschinen begannen unerwartete Komplikationen. Der schwierigste Teil davon war der personelle. Helikopterpiloten waren in der Schweiz dünn gesät. Unter ihnen welche zu finden, deren oberstes Ziel nicht die Fliegerei, sondern die Ausbreitung des Evangeliums war, bedeutete ein wahres Kunststück. Schnell war einer bereit, zu erklären, daß ihm die Mission das höchste Anliegen sei, nur um einen abenteuerlichen Job in Afrika zu bekommen. Wenn dann aber die Abgeschiedenheit von allen Annehmlichkeiten Europas, die Trennung von allem, was ihm lieb war, die unangenehmen organisatorischen Mühsale und allerlei technische Rückschläge an ihn herankamen, zeigte es sich erst, aus welchem Holz er geschaffen war und aus welcher Quelle sein Glaube Kraft schöpfen konnte.

Als Ernst Tanner anfangs 1976 wieder nach Kamerun

flog — diesmal mit Herrn Henseler, Organisator einer Flugrallye, in einer zweimotorigen Cessna 320 —, hegte er schon geheime Wünsche nach einer zweiten Maschine, um gleichzeitig in Ost- und Westafrika arbeiten zu können.

Er suchte zweierlei: Erstens eine günstige Occasionsmaschine und zweitens den richtigen Piloten dazu. Beides hatte seine Problematik. Die Beschaffung der Maschine schien ihm die leichtere Aufgabe zu sein. Es gibt dafür Zahlen, Stunden, Tabellen, Pläne und Werte. Man kann die Maschine begutachten, innen und außen prüfen. Man kann Informationen und viele technische Daten sammeln. Man kann sich ein Bild machen.

Von den Piloten kann man eine Liste ihrer Fähigkeiten, eine Kurzbeschreibung ihres Lebens und Glaubens verlangen, aber in ihr Herz hineinschauen, das kann man nicht. Man kann — im Gegensatz zu den Maschinen — auch nicht voraussehen, wie sie auf kritische Situationen reagieren würden.

All dieses Wissen und Nichtwissen veranlaßten Ernst, Gott, seinen Herrn, um Weisheit und Entscheidungskraft zu bitten.

Der Kameruneinsatz war auch in jenem Jahr ein voller Erfolg. Er dauerte vom 13. Januar bis zum 16. März. Die technische Wartung besorgte die Heliswiss, sogar in Afrika. Da eine besonders vielseitige Kontrolle und Modifikation notwendig war, flogen zwei Mechaniker nach Kamerun und arbeiteten elf Tage mit großer Ausdauer in der heißen Tropensonne von Yaounde. Sie montierten neue Hauptrotorblätter, die allein schon 40 000 Schweizerfranken kosteten, einen Particle Separator, der die herumwirbelnden feinen Sandkörnchen von der Turbine fernhält, einen neuen Heckrotorkopf mit Heckrotorblättern und installierten ein HF-Funkgerät. Dazu kam eine gründliche Kontrolle, wie sie nach jeweils 300 Flugstunden vorgeschrieben ist.

Sobald Charly wieder lufttüchtig war, ging es auf die „Afrika-Quer"-Reise. Ernst und Georg kannten die Route schon und erreichten am 20. März wohlbehalten Addis Abeba. Georg blieb in Äthiopien und arbeitete für das Red-Sea-Mission-Team.

Ernst jedoch zog es mit allen Fasern seines Herzens heim. Wichtige Termine erwarteten ihn. Der allerwichtigste für ihn war nun zuerst seine Familie. Herrlich, seine Rückkehr fiel gerade in die Frühlingsferien . . .

Wenn immer möglich, waren die Tanners an ihrem „Plätzchen", einem sonnigen Ort an einem Waldbach, wo man friedlich stauen, bauen, spielen, singen, klettern oder nichts tun konnte.

▲
Familie Tanner beim Kamin. (Kap. 32)

◆
Jack und Ernst in Winterthur. (Kap. 1)

▲▲
Kinderzeit in Bad Dürrheim. Hier malte Ernst das Bild und küsste Hedi unter dem Stuhl. (Kap.3)

▲
Das Haus im Grünen, links das Büro der Helimission. (Kap. 4)

▲▲
Pipertraining in Altenrhein. (Kap.9)

▲
Auftanken in der Wüste beim 1. Überflug 1971 in Ingesam an der Grenze Algerien-Niger. (Kap. 14)

▶
Auf dem Gorillapfad.
(Kap. 7)
▼
Predigt am Gorillapfad.
(Kap. 7)

▲▲
ʼnpane; Träger am Ende der Reise. (Kap. 7)
▲
Ↄrei Frauen auf dem Gorillapfad die wissen
wollten, ob Jesus schon gekommen sei. (Kap.7)

▲
Von E. Tanner selbstentworfene Wasserpumpe. 6 Stück wurden installiert. Eine davon gab dem deutschen Lager Arabati in der Danakilwüste Trinkwasser während 10 Monaten. (Kap. 23)

▲▲

Ernst Tanner am Morgen nach dem Überfall. (Kap. 26)

▲

Unser erster Helikopter mit dem Häuptling und seinem Medizinmann in Betschatti, im Dschungel von Kamerun. (Kap. 13)

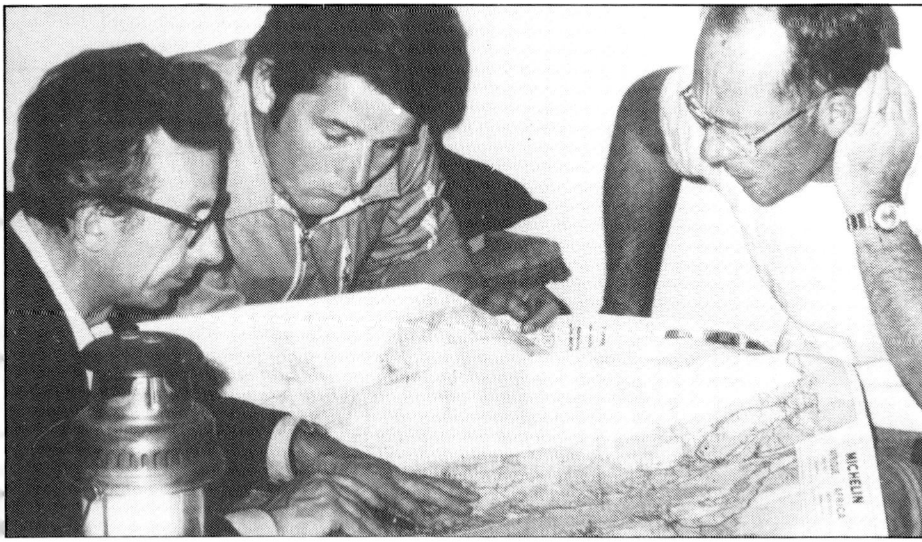

▲▲
Einsatzplanung in Bulki, Aethiopien mit Loyd Stinson, SIM. (Kap. 24)

▲
Ein Teil der 12 Tonnen WSM-Mehl (Weizen , Soja, Milch), gespendet vom Roten Kreuz für Aethiopien. (Kap. 23)

▲
Die XCX wird in die DC - 7 verladen. (Kap. 23)

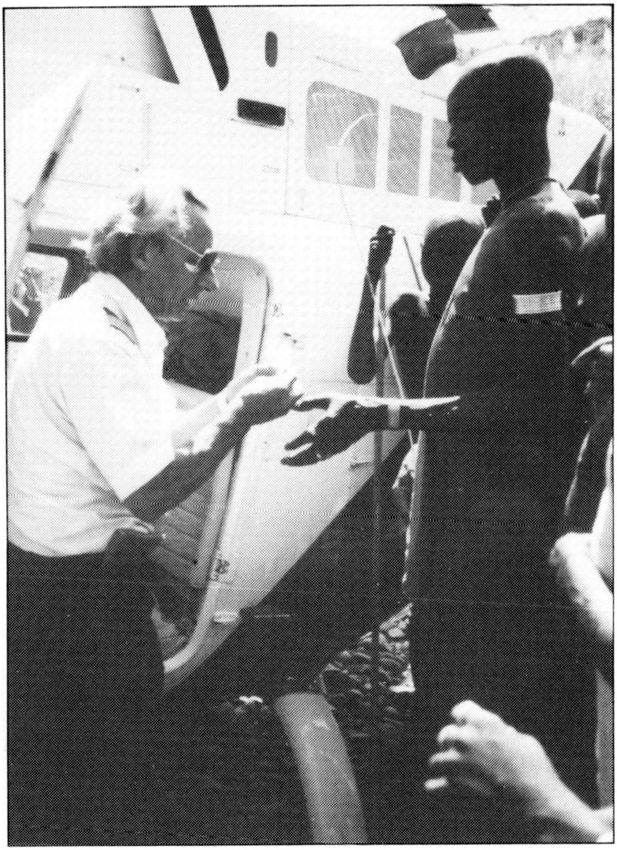

◀
Aethiopien: Samariter-dienst.
▼
Ein Predigerlohn: Krokodil.

▲▲
Die komfortable Sitzgelegenheit einer Busch-kirche. (Kap. 18)
▲
Urwalddorf; idealer Landeplatz. Dorf im Südwesten von Kamerun. (Urwald). (Kap. 18)

▲▲
Der Wassertank wird auf das vorbereitete Gestell gehoben. Kamerun 1984. (Kap. 18)
▲
Haus und Hangar in Bamenda. (Kap. 18)

▲
Der erste Helikopter im Missionseinsatz. (Kap. 18)

▲▲
Predigt bei den Pokot. (Kenya)

▲
Erdbeben in Italien. (Kap. 32)

▲
Weihnachtspäckli für Italien. Päckchen machen am Fliessband. (Kap. 32)

◀
Das Päckchen kommt an. (Kap. 32)

▲▲
Die XLL nach dem Unfall. (Kap. 35)
▲
Haus in Zaire. (Kap. 39)

▲▲
Hangar in Zaire. (Kap. 39)
▲
Abwurf der Getreidesäcke im Tiefflug. (Kap. 42)

▲
Hunger in Aethiopien. (Kap. 42)

▲
Menschenscharen sammeln die verschütteten Körner ein. (Kap. 42)

◀
Stämme: Tukana.

▶
Stämme: Koma.
▼
Pokot. (Kenya)

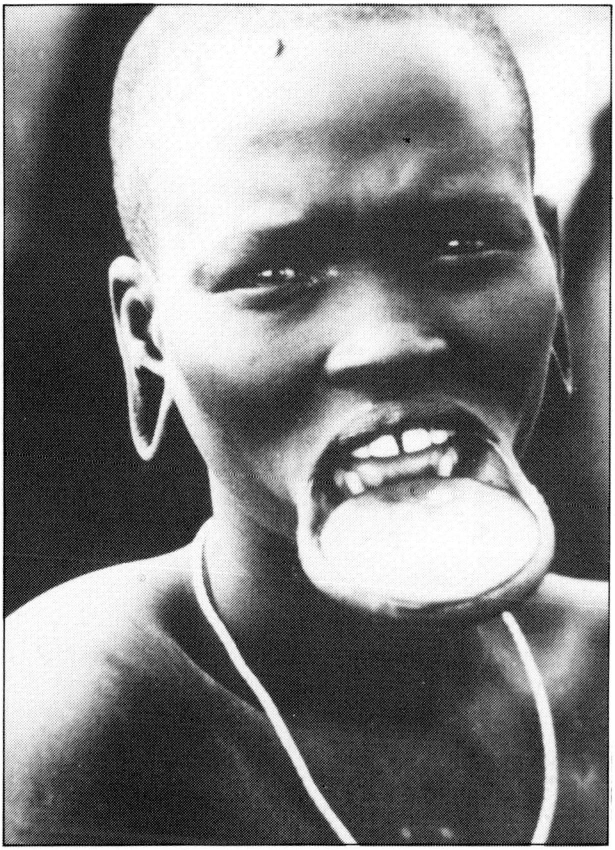

◀
Mursifrau Aethiopien.
▼
Safety - Seminar
1. - 5.2.88

HB - XDK 1971 - 1975

HB - XDY 1976 -

HB - XCX 1972 - 1983

HB - XHE 1978 - 1983

HB - XLL 1983 -

HB - XON 1983 -

HB - XPN 1985 -

HB - XRH 1986 - 1987

HB - XSH 1987 -

N1105W 1988 -

Kapitel 28

Liebste Hedi!

Briefe sind doch ein wunderbares Kommunikationsmittel. Briefe kann man in den Händen festhalten. Briefe kann man immer und immer wieder lesen. Briefe sind geheimnisvoll. Briefe haben Wert. Briefe strömen Kraft und Liebe aus. Briefe haben Atmosphäre. Briefe überbrücken Meere und Kontinente. Aber Briefe verursachen auch Sehnsucht und Schmerz.

Ernst und Hedi waren fleißige Schreiber. Während des Kameruneinsatzes von Januar bis März schrieb Hedi 24 Briefe. Während des Äthiopien-Einsatzes von April bis Juni schrieb Ernst 12 Briefe. Es gab so vieles zu erzählen, zu fragen, zu erklären, zu flüstern. Es war noch die Zeit ohne internationales Telefon, ohne Telex und Telefax, die Zeit der Telegramme, die so oft ihr Ziel nicht erreichten, die Zeit der guten Briefe. Sie bauten eine solide Brücke von Afrika nach Trogen. Sie gaben Hedi ein klares Bild von den vielen Kleinigkeiten, die Ernsts Tag ausfüllten, von positiven und negativen Erlebnissen, deren Summe Afrika hieß.

Addis, 23. April 76

Im Flugzeug saß ich mit dem Vorsteher der dänischen Mission zusammen, den ich seinerzeit in Kopenhagen getroffen habe. Sie brauchen nun auch dringend Materialtransport per Heli für ein Krankenhaus. Morgen um zwölf Uhr fahren Georg und ich mit der „World Health Organisation“ (Weltgesundheits-Organisation) WHO nach Awaza. Am Montag fliege ich von dort nach Kelafo, wo das ganze Tal überschwemmt ist; ungefähr 600 000 Menschen sind betroffen. Ein Helikopter von „Smallpox“ (eine Organisation, die Pockenimpfungen durchführt) macht Erkundungsflüge, und wir beginnen sofort mit der Lebensmittelversorgung und einem Impfprogramm. Gleichzeitig bin ich dabei, einen gebrauchten Landrover zu kaufen. Modell 1972, 12 Plätze, 80 000 km, 13 000 Dollar. Er gehört der UN und ist zoll-und steuerfrei. Ich brauche die Bewilligung vom RRC (Äthiopische Entwicklungshilfe), um den Wagen unter den gleichen Bedingungen zu übernehmen. Sie wollen dafür Eigentümer werden. Das muß ich ihnen noch ausreden! Ab Montag wohnen wir im Zelt und kochen mit Gas à la camping. Wir haben dabei die große Genugtuung, Tausenden Hilfe zu bringen und Leben zu retten. Ich werde mich bemühen, daß sie Evangelium nicht nur sehen, sondern auch noch hören.

Awaza, 25. April 76

Wir sind nach langer, holpriger Fahrt gut in Awaza angekommen. Wir wohnen direkt am See bei einer Familie von „Smallpox“. Den Mann fliege ich morgen nach El Kere. Die Missionare in Dollo haben keine Lebensmittel mehr, und wir werden morgen welche bringen. Heute machten wir einen Probeflug. Alles in bester Ordnung. Dr. Weithaler fliegt morgen mit nach Dollo und nimmt am Abend diesen Brief mit nach Addis. Inzwischen habe ich herrlich im See gebadet. Es gibt hier keine Bilharzia und keine Krokodile, nur Nilpferde, und das sind sowieso meine Freunde. Was macht ihr wohl jetzt? Vielleicht seid ihr am schönen Plätzli am Bach ... Meine Gedanken eilen über die Wüste, das Mittelmeer zu euch ins schöne Salem. Nun hoffe ich, daß es Immanuel in der Lehre und Lucky im Kindergarten gut geht und den andern in der Schule ...

26. April 76

In großer Eile ein paar Worte während des Essens. Unsere Sachen sind noch nicht angekommen. Den Landrover habe ich gekauft. Landebewilligung für ein Jahr erhalten. Sende das Milchpulver direkt an SIM Addis. Sie werden es im Lager Puch verteilen. Werni soll noch Fonduekäse mitbringen.

Awaza, 29. April 76

Zwischen dem letzten Brief und heute habe ich viel erlebt. Am Montag startete ich mit Dr. Weithaler, Karl Müller, bei dem wir hier wohnen, und dem schwedischen Missionar mit 100 kg Lebensmittel für Dollo, das an der Grenze gegen Kenia und Somalia liegt. Karl Müller wollten wir nach El Kere hinter den Balebergen bringen. Die Berge, 4300 m ü.M., lagen in den Wolken. Ich stieg auf 13 000 Fuß, brauchte sehr viel Treibstoff. Die Männer sagten, sie würden die Gegend gut kennen, und ich verließ mich auf sie. Als wir aus den Wolken herunterkamen, hatten sie keine Ahnung, wo wir waren. Es ist auch sehr schwer, denn hier beginnt die Wüste. Keine Dörfer, Straßen oder Flüsse als Orientierung. Nach unserer Zeitrechnung hätten wir in El Kere sein müssen. Wir suchten lange und verbrauchten unseren Treibstoff. Schließlich sah ich einen Fluß und landete auf einem offenen Platz. Weit und breit kein Mensch. Müller hatte ein Zelt für zwei. Der Schwede und ich schliefen im Heli. Wir bauten eine Landepiste, 200 m lang. Hungern brauchten wir nicht, wir hatten ja 100 kg Lebensmittel dabei! Wir haben noch ein Tier erlegt, etwas kleiner als eine Gazelle. Am Mittwoch früh konnte ich mit einem Flugzeug, das wir vorbeifliegen hörten, über VHF Kontakt aufnehmen und unsere ungefähre Position durchgeben. Zwei Stunden später war Eric von Rosen, der extra von Makale heruntergeflogen war, über uns. Kurz darauf kam noch eine zweite Maschine und dann ein Heli der „Smallpox" mit Treibstoff. Welch ein Erlebnis! Als Eric über uns kreiste, rief Dr. Weithaler laut: „Halleluja, Amen!" Es war ein schweres, aber ein gutes Erlebnis. Die Aasgeier saßen dicht neben uns, aber der Heiland war noch näher. So flog ich gestern nach El Kere. Dort umarmte mich Eric stürmisch. Dann brachte ich die Lebensmittel nach Dollo. Heute morgen zurück nach Awaza und jetzt 14:00 nach Kelafo, wo wir sehnlichst erwartet werden. Also noch schnell dieses Grüßlein. Werni soll noch Raketen bringen. Sie sind im Büro unter dem Gestell am Boden hinter der Türe. Herzlichen Dank an alle Beter.

In der Wüste, 4.Mai 76

Ich schreibe direkt an der Grenze zwischen Äthiopien und Somalia. Heute früh flog ich den Administrator, den Polizeichef und zwei andere „Hohe Tiere" zu einem Treffen mit somalischen Offizieren. Ich wußte nicht, worum es ging, und wehrte mich nachdrücklich, bis an die Grenze zu fliegen. Sie sagten nur, sie müßten die Straße kontrollieren. Schließlich war ich bereit, bis fünf Kilometer vor die Grenze zu fliegen. Wir landeten auf einer schwer bewachten Landepiste. Ich erkannte sofort, daß das Militär über Radio informiert worden war. Mit einem Lastwagen fuhren wir bis zur Grenze und wurden zu einigen Zelten eskortiert, wo die „Hohen" aus Somalia uns empfingen. Wir setzten uns an einen langen Tisch und wurden von dekorierten Schönheiten mit Drinks bedient.

Erst jetzt erklärte man mir, daß wir mit „Nachbarn" zusammensaßen.

Die Atmosphäre ist herzlich, und sie freuen sich auch über meine Gegenwart. Ansprachen werden gehalten, und da ich gar nichts davon verstehe, nütze ich die Zeit, um Dir ein paar Worte zu schreiben. Die Umgebung ist sehr eindrucksvoll: auf einer weiten Ebene — in der Ferne einige Berge — sitze ich als einziger Weißer mit diesen Offizieren und hohen Beamten am „grünen Tisch". Ein Erlebnis, um das mich Journalisten beneiden würden.

Die letzten Tage waren mit Smallpox-Flügen ausgefüllt. Während ich jeweils auf die Medical-Teams wartete, ließ ich ein Tonband mit Bibeltexten in somalischer Sprache spielen. Ich hatte überall dankbare Zuhörer.

Die Station in Kelafo sieht noch immer bedenklich aus. Trotz des Drecks und Schlamms werden Kinder geboren, Kranke betreut — und bei allem tapfer geschwitzt. In etwa zwei Wochen wird es besser sein. Inzwischen brachten wir einen Toyota Jeep und einen Landrover in Gang und richteten damit die Landepiste der Mission wieder her, damit die kleinen Flugzeuge landen können und der Heli überflüssig wird. Georg und ich hatten ziemliche Magenbeschwerden. Jetzt hat sich das zum Glück gebessert.

Arba Minch, 5. Mai 76

Wir kamen erst um 15:00 von der Grenze zurück. Bis 18:45 flog ich noch Lebensmittel vom Flughafen nach Kelafo. Es ging sehr gut und schnell. Die ganze Stadt schaute zu, denn sie hatten noch nie Außenlasten-Transporte gesehen.

Gestern abend stieg der Fluß plötzlich wieder bis 30 cm unter den Damm. Noch im Dunkeln brachte ich den Heli in Sicherheit. Die Station mußte geräumt werden, und wir übernachteten auf Feldbetten im Freien auf einem erhöhten Felsen unter dem herrlichen Sternenhimmel. Die Mücken plagten uns, ich schlief nicht viel.

Wieder ist ein Tag hinter mir, der mir so lang schien wie eine Woche.

Arba Minch, 26. Mai 76

Mit Bark Fahnestock machte ich einen Erkundungsflug zu den Stämmen am Omofluß. Für die Mursi schossen wir zwei Büffel, denn sie hatten Hunger. Die drei einheimischen Evangelisten, die mit uns jagten, stiegen in den Augen der Mursi auf die höchste Stufe des Ansehens. Einen größeren Gefallen hätten wir den Mursi nicht tun können. Sie trugen alles heim. Aus der Haut, die ungefähr 2½ cm dick ist, machen sie sich Schuhe. Wir fanden auch einen kleinen Stamm, die Quegu. Wir übernachteten bei ihnen. Sie schlachteten für uns eine Ziege. Sie haben den Namen Jesus noch nie gehört. Diese Woche war sehr streng. EAL flog die ganze Zeit nicht. Sie haben zu wenig Flugzeuge. Deshalb wollten alle mit mir fliegen. Ein Jumbo wäre bald zu klein!

Kapitel 29

Die Flugrallye

Die Freundschaft mit Wolf Weinlechner sollte bald ihre ersten Früchte tragen. Wolfs Chef, stets auf seine persönliche Sicherheit bedacht, beschloß, einen Helikopter mit zwei Triebwerken zu kaufen. Seine Wahl fiel auf eine BO 105, eine zuverlässige, mit deutscher Gründlichkeit entwickelte Maschine, die in München gebaut wird. Von Wolf erfuhr Ernst, daß er für den Jet Ranger einen Käufer suchte. Dieser Jet Ranger sah äußerlich genauso aus wie unser Charly, war jedoch einige Jahre jünger und hatte eine stärkere Turbine. Zudem besaß er einen Zusatztank, ein hohes Landegestell mit automatisch aufblasbaren Schwimmern, einen Particle Separator, automatische Leuchtraketen, einen Haken für Außenlast, sehr gute Instrumentierung, viele Ersatzteile und war in einem hervorragenden Zustand.

Am 30. April konnte Ernst den orangefarbenen Jet Ranger für 105 000 Dollar kaufen und dafür 264 239,50 Schweizerfranken bar bezahlen. In Ernsts Augen war es ein Wunder, daß seine lieben Freunde, Gönner und Beter finanziell so treu zu der Arbeit standen. Zugleich war es ein Ansporn, den eingeschlagenen Weg weiter zu verfolgen.

Der neue Helikopter erhielt die Immatrikulation HB-XDY, also D wie Delta und Y wie Yankee. Er sollte in Kamerun, Westafrika, einen endgültigen Standplatz bekommen, während Charly in Ostafrika für Kenya und Äthiopien bereitstand.

Für Charly hatte Ernst einen jungen Schweizerpiloten vorgesehen, Werni, den er im Mai so sehnsüchtig in Arba Minch erwartet hatte.

Für Yankee war ein Schwede im Rennen, der 1977 einen zweimonatigen Probeeinsatz in Kamerun machen sollte.

Gegen Ende des Jahres nahm Ernst mit Herrn Henseler wieder Kontakt auf. Die Flugrallye sollte am Anfang des neuen Jahres stattfinden. Ein Filmproduzent war daran interessiert. Er wollte nicht nur die Rallye, sondern auch Ernst Tanner und seine Helimission filmen.

Noch im alten Jahr erschien er in Trogen.

„Guten Tag, Herr Tanner, da wären wir also. Darf ich vorstellen: Mein Mitarbeiter Gernod."

Gernod, ein großgewachsener, freundlicher Deutscher, schleppte sich mit Filmkamera, Tonaufnahmegeräten und Scheinwerfern ab.

„Es freut mich sehr, Sie kennenzulernen, Herr Tanner, tut mir leid, Ihnen so viele Umstände zu machen. Es geht nun mal nicht ohne", entschuldigte sich Gernod.

„Bitte, bitte, Herr Tögel", wandte sich Ernst an den Regisseur, „treten Sie doch gleich ein in unser kleines Büro und legen Sie all Ihre Ausrüstung ab, am besten auf den Boden."

„Um keine Zeit zu verlieren, machen wir gleich ein paar Statements." Ernst schaute leicht verwundert auf die Männer, die mit geübten Handgriffen ihre Lampen montierten, die Apparate zusammenbauten und schußbereit machten.

„Hier haben Sie ja eine wunderbare Afrikakarte." Tögel deutete an die Wand. „Da werden Sie gleich Ihre Route zeigen und ein paar Erklärungen dazu geben. Sie sprechen ganz gemütlich zu Ihrer Frau. — Ja, ja, Frau Tanner, nur keine Angst. Sie müssen kein Wort sagen, nur ganz interessiert den Ausführungen Ihres Gatten folgen. Bitteschön, mal kurz ein Versuch . . ."

Herr Tögel, der junge, gewandte Regisseur in dunkelrotem Pullover und verwaschenen Jeans, verstand es, die aufregende Angelegenheit in ein alltägliches Mäntelchen zu kleiden.

„Und die Kinder? Die werden bald aus der Schule kommen, sehr gut! Das gibt prima Aufnahmen. Richtig", Herr Tögel hatte schon eine neue Idee. „Wir lassen die Familie dann ein wenig durch den Schnee stapfen, die macht einen Ausflug, während der Herr Vater im heißen Afrika schwitzt. Und jetzt sind Sie dran, Herr Tanner, haben Sie sich Ihre Rolle überlegt?"

Ernst lachte. Er war nicht so sicher wie Herr Tögel, dennoch nickte er und wandte sich der Afrikakarte zu.

Wenig später erschienen die ersten neugierigen Kinderaugen in der Tür. Ein wenig ängstlich, vermischt mit viel Neugier, drängten sie sich herein, bestaunten die großen Scheinwerfer sowie die beiden Männer vom Film und ihre vielsagenden, geheimnisvollen Gesten und Gebärden.

Der gestrenge Herr Vater hatte aber kein Verständnis für ihren Wissensdurst.

„Wartet drüben im Haus, bis wir kommen, dann seid ihr an der Reihe." Damit wies er ihnen die Tür.

Als das Filmtrio nach einer halben Stunde mit Sack und Pack durch die niedrige Haustür trat, hatten sich die Kinder ihren eigenen Beschäftigungen zugewandt. Der Älteste strapazierte das Klavier, die Mädchen hatten den großen Küchentisch mit Briefmarken ausgelegt und sortierten Stück für Stück aus aller Herren Länder. Der Kleinste baute mit bunten Legosteinen einen Kranwagen, und Simon, der technisch versierte Fünftklässler, half ihm mit Rat und Tat.

Herr Tögel erfaßte die Situation in wenigen Augenblicken.

„Hier, Gernod", rief er seinem Helfer zu, der sich nur gebückt vorwärts bewegte, aus Angst, sein hohes Haupt an Türpfosten oder Deckenbalken zu schlagen, „stell deine Fabrik mal hier vor dem Klavier auf, diesen Chopinwalzer wollen wir gleich nochmals hören. Nur keine falschen Hemmungen, mein lieber Musikant, wie war nur dein Name?

Richtig, Immanuel, also gleich nochmals von vorn. Du wirst staunen, wie gut das klingen wird! Gernod, an die Arbeit! Und ihr bleibt mal schön, wo ihr gewesen seid", wandte er sich an die neugierig angetrabten Kinder. „Gleich seid ihr an der Reihe."

Es war erstaunlich, wie sein Redefluß alle in seinen Bann zog. Sogar Ernst, der dem Filmregisseur und seinen Absichten sehr skeptisch gegenüberstand, der für Fernsehen und Journalisten überhaupt nichts übrig hatte, war von der Art, wie Herr Tögel die Sache anpackte, je länger je mehr beeindruckt.

Nachdem die Mädchen am großen Küchentisch und Lucky mitsamt seinem fast fertig gebauten Kran ins helle Scheinwerferlicht eingetaucht und auf den Filmstreifen gebannt worden waren, legte Herr Tögel seine Hand auf Simons Schulter.

„Na, Junge, kannst du auch Feuer machen?"

Und ob, Simons Augen strahlten.

„Hier im Cheminee wär's nicht schlecht, so ein lustiges, knisterndes, wärmendes Feuer könnte man brauchen." Herr Tögel lachte. Draußen schneite es, aber den Filmleuten stand der Schweiß auf der Stirn. Die Scheinwerfer gaben nicht nur Licht ab, sie heizten die niedrigen Räume im Nu auf.

Simon kniete mit Spänen, Holz und Papier vor der Kaminöffnung, hob die Klappe, legte alles hübsch zurecht und schaute fragend auf den großen Filmapparat. Schnurrte er schon? Ob auch nichts fehlte? Aller Augen waren auf ihn gerichtet. Herr Tögel und Gernod wechselten ein paar Worte in ihrer unverständlichen Geheimsprache. Herr Tögel nickte. Also los! Das erste Zündholz brach ab, das zweite brannte nicht an, das dritte fauchte zwar los, erlöschte aber sogleich unter dem Papier. So eine Niederlage! Das durfte doch nicht wahr sein! Simons Herz klopfte wild. Nur nicht aufgeben! Herr Tögels Apparat surrte weiter. Das vierte Zündholz brannte hell. Schon züngelte eine schöne Flamme hoch und — erlosch im nächsten Augenblick wieder. Wie konnte das unserem Heizer und Feuermacher passieren! Alle hielten den Atem an. Und alles würde man auf dem Film sehen . . .

Auch Kinder können nervös werden. Etwas zittrig griff Simon nochmals nach der Zündholzschachtel.

„Es muß gehen", dachte er, „diesmal muß es brennen!"

Vorsichtig hielt er die Hand um das Flämmchen, führte es zum Holz, das erste Ästchen begann zu glühen, der Funke sprang, in Simons Augen leuchtete es. Der Apparat surrte noch immer. Es wurde ein wunderschönes Feuer!

Herr Tögel hatte noch etwas anderes auf dem Herzen. Er überraschte Hedi mit einer sehr direkten Frage: „Was sagen Sie dazu, Frau Tanner?" Hedi verstand, was er meinte. Was sie davon halte, nicht von der Arbeit ihres Mannes, sondern von seiner so häufigen Abwesenheit. Sie fühlte sich überfragt. „Gewöhnlich sage ich nichts, Herr Tögel. Lassen Sie mich darüber nachdenken."

Am nächsten Tag fand Herr Tögel eine kleine Notiz von Hedi. Er las: „Vor 19 Jahren, als wir heirateten, wußte ich, daß das Leben an der Seite eines Predigers ein entbehrungsreiches ist. Dennoch hatte ich ‚Ja' gesagt. Aber wissen und erfahren sind eben zweierlei, und das ‚Ja' muß sich in der Praxis bewähren. Jeder Abschied, jedes Alleinsein, jedes Warten war eine Konsequenz dieses ‚Ja'. Niemand kann im voraus sagen, wie er sich im Notfall verhalten wird. Erst rückblickend kann ich sehen, wie oft ich enttäuscht, ungeduldig, verärgert, bekümmert, verzweifelt oder standhaft, glücklich, ruhig, gläubig und vernünftig war. Wenn die Situationen auch oft hart waren und ich darin versagt hatte, so trug mich eine wunderbare Kraft hindurch. Ich muß bekennen, daß ich es nicht bereut habe, daß Ernst Tanner mich geheiratet hat."

Elf Jahre später sah Hedi das Abschiednehmen wieder in einem etwas anderen Licht. Sie schrieb am Tag, an dem ihre älteste Tochter das Elternhaus für längere Zeit verließ:

„Abschied, Abschied, Abschied ... Am 8. Januar unsere ‚kleine' Meisi, sie flog ins Urwalddorf nach Peru ... heute früh unsere ‚große' Mirjam, sie flog mit ihrem Mann Thomas nach Amerika ... heute abend Ernie, er reist für zwölf Tage nach Deutschland ... Wie ist das, Hedi, wenn sie alle fortgehen und du dableibst wie ein Baum ohne Blätter, ganz kahl? Manchmal bin ich ein wenig böse, manchmal traurig, manchmal dankbar, aber jedesmal einsam und allein, niemand teilt mit mir. Fast möchte ich mit Hesse sagen: ‚Leben ist Einsamsein.' Doch kann ich es nicht ganz sagen. Ich bin wohl allein, doch ist mein Leben erfüllt, und ich finde mich umgeben von der Liebe Gottes. Deshalb ist der Abschied kein Elend. Er schmerzt wohl, aber er ist ein Stück Leben. Leben ist Bewegung, ist Kommen und Gehen, Leben ist lebendig. So gehen die Kinder, weil sie lebendig sind, tatenfreudig hinaus, um etwas zu unternehmen. Wie froh bin ich, daß die Töchter etwas unternehmen für Gott. Auch für sie heißt es Abschied nehmen, Liebgewordenes verlassen, in etwas Neues hineintauchen. Ja, Abschied tut weh und schmerzt, aber er ist gesund. Er macht gesund, wenn ich ihn positiv annehmen kann."

Der Start der 23 Rallye-Maschinen war auf den 3. Januar festgelegt. Es schien, als ob dieser Tag der trübste des ganzen Jahres sei. Sicht: kaum die Hand vor der Nase, von Flugwetter keine Spur. Ernst hörte, daß einige zweimotorige Flugzeuge mit guter Instrumentierung für Blindflug schon durch Wolken und Nebel über die Alpen unterwegs waren. Andere warteten ungeduldig auf eine Lücke in der Wolkendecke.

Ernst nahm Abschied von seinen Lieben. Der orange Jet Ranger hinter Tanners Haus erhob sich und verschwand schnell im schlechten Wetter. Nach zehn Minuten setzte die Maschine am selben Platz wieder auf. Es war unmöglich, durchzukommen. „Wir versuchen es morgen", beschloß

Ernst. Alle freuten sich, daß Papa einen Tag länger zu Hause blieb. Es wurden zwei daraus.

Erst am 5. Januar fanden Ernst und Gernod, der Kameramann, der die Flugrallye filmen sollte, eine Möglichkeit, von Trogen wegzukommen. Noch immer waren die Alpen in dichte Wolken gehüllt. Sie versuchten, über Genf und durchs Rhonetal ans Mittelmeer zu gelangen. Gegen drei Uhr nachmittags landeten sie endlich auf dem Flugplatz in Nizza, tankten hastig auf, schauten unsicher aufs Meer hinaus und wagten es, Richtung Korsika zu starten.

Während des Überflugs überraschte sie plötzlich ein Funkspruch eines Rallyeflugzeugs. Sie verabredeten, in Olbia, dem nächsten Flugplatz, aufeinander zu warten.

Bei schlechter Sicht flog Ernst Korsika an. Er folgte der westlichen Küste, schwenkte über eine weite Ebene nach Osten ab und erreichte den Höhenzug, der die Insel gegen Sardinien abgrenzt. Wie durch ein Wunder konnte der Heli durch eine Öffnung im dichten Wolkenvorhang schlüpfen. Ernst hatte kaum Zeit, sich über den Erfolg zu freuen, da fuhr ihm der Sturm, der durch die schmale Meeresstraße wie durch einen Trichter gejagt wurde, mit ungebrochener Wucht entgegen. So gut er konnte, hielt er den Heli fest — voll konzentriert mit beiden Händen und beiden Füßen. Wild schlug die weiße Brandung unter ihm gegen die schwarzen, kantigen Felsen der Küste.

Besorgt schaute Ernst immer wieder in die Runde und dann auf die Uhr. Nach seinem Zeitplan müßte er bald in Olbia sein. Er stellte das Funkgerät ein und rief Olbia: „Olbia Tower, this is helicopter Hotel Bravo Xray Delta Yankee, do you read?“ Gespannt horchte er. Keine Antwort. Er versuchte seinen NDB (Navigation Direction Beacon) auf Olbia einzustellen. Doch kein Licht leuchtete auf. Seine Geschwindigkeit ging zusehends zurück. Mühsam kämpfte er weiter gegen den starken Ostwind. Endlich konnte er die Maschine gegen Südosten abdrehen und der Ostküste von Sardinien folgen. Der Wind hatte etwas nachgelassen, aber beunruhigt fühlte Ernst die winterliche Dämmerung hereinbrechen.

„Wenn Olbia in den nächsten Minuten nicht auftaucht, muß ich landen, die Sicht wird katastrophal", hörte Gernod in seinem Kopfhörer. Bis jetzt hatte Gernod in all den wetterbedingten Umwegen und schwierigen Flugmanövern eine vertrauensvolle Ruhe bewahrt. Er wußte, Ernst beherrschte seinen Helikopter. Nun aber schaute er gespannt auf die Erde hinunter. Wo in aller Welt wollte Ernst landen? Rechts fiel die felsige Küste steil ins Meer, links dehnte sich eine graue Weite ohne jeden Horizont.

Der Heli senkte sich und zog eine Kurve. Gernod sah an Ernst vorbei das Gebirge auf sich zukommen, unbewohnt, abweisend. Ein einzelnes, weißes Gebäude sauste vorüber. Ernst drehte eine ganze Runde, kam tief gegen das Wasser, flog langsamer. Da waren einige Häuser, eng aneinandergebaut, dazwischen eine vom Regen glänzende Fläche. Ein Platz zum landen? Nicht doch! Ein Schiffchen war darauf! Einige Lichter spiegelten sich im Wasser . . .

Ernst schaltete den Scheinwerfer ein, hob die Nase wieder hoch, flog nochmals den Berg hinauf und leuchtete auf das weiße Haus. Ein großer Platz davor schien ihm die einzige, rettende Möglichkeit, seinen Heli hinzusetzen. Langsam prüfend schwebte er über dem Ort. Er sah Leute hin- und herlaufen, Lichter an- und ausgehen. „Paß auf, Gernod, wir landen auf einer Hotelterrasse", rief Ernst. Meter um Meter näherte er sich von der Meerseite, sank vorsichtig, schwebte kurz, setzte auf. Sie waren auf der Erde. Aufatmend ließ er die Turbine auskühlen. Es war 17:50. Ein dunkler Winterabend. Über zwei Stunden waren sie geflogen, bis das letzte Tageslicht der Nacht gewichen war.

Gernod schaute hinaus. „Mensch", rief er belustigt, „schau dir den Christbaum an!" Ernst hatte ihn im Anflug nicht gesehen. Nun war es zu spät. Die Rotorblätter hatten ihn umgeblasen. Zerfetzt lag er auf dem regennassen Steinboden.

Wo waren sie nur? Erstaunte Gesichter warteten interessiert, was für hohe Gäste sie unangemeldet besuchen wollten. Ernst stieg aus, ging auf den ersten zu und entschuldigte sich laut in seinem lustigen Italienisch für das Mißgeschick mit dem Christbaum.

„Scusi, Signore, non mi piace, Natale passato, scusi scusi." (Entschuldige, Herr, es gefällt mir nicht, Weihnacht vorbei, entschuldige, entschuldige.) Er deutete auf den Christbaum. Es gab Fragen hin und her, bis ein großer Mann erschien, der sich als Polizist in Zivil ausgab und Pässe und Ausweise sehen wollte.

Der „Direttore" des „Albergo" wollte nun wissen, wie schwer denn die Maschine sei und wie lange sie auf seiner Terrasse stehen bleiben wolle. Er führte Ernst und Gernod hinab zu einem kleinen Lebensmittelladen, dessen Säulen und Bogen die Terrasse trugen. Besorgt deutete er auf die wenigen Stützen und Pfeiler. Nach eingehenden Beobachtungen versicherten ihm Ernst und Gernod, daß nirgends Risse oder Beschädigungen entstanden seien. Ernst selbst entdeckte zu seinem Erstaunen, daß er direkt über dem größten Stützbalken gelandet und so das kleine Negozio vor großem Schaden bewahrt hatte.

„Hallo, ihr von der Schweizer Helikopter-Luftwaffe, wo seid ihr so lange geblieben?"

Sie waren endlich in Olbia gelandet, und nun mußte Bruno, der Pilot des kleinen Rallyeflugzeuges, mit dem Ernst tags zuvor Funkkontakt gehabt hatte, natürlich seinen Spaß haben.

„Kapitän Tanner vollbrachte eine äußerst gefährliche, waghalsige Notlandung, um im Grandhotel von Porto Cervo übernachten zu können", lachte Gernod ihm entgegen.

„So kann das doch nicht weitergehen", war Brunos Entgegnung. „Wir nehmen euch heute ins Schlepptau und überqueren den Ozean in Formation."

„Und im Falle einer Notlandung ist der Rettungshubschrauber gleich zur Stelle", stimmte Ernst in den heiteren Ton ein.

Die Aussicht, den langen, einsamen Flug über die Wüste

diesmal in Begleitung machen zu können, beflügelte Ernst. Wie oft hatte er sich gewünscht, irgendwo im Luftraum um sich herum mit einem Kollegen über Funk sprechen, Entscheidungen gemeinsam treffen und Ängste und Schwierigkeiten weitergeben zu können. Ob es gelingen würde? Es war vereinbart, daß sich alle Flugzeuge in Djerba, Tunesien, treffen und sie dort einen gemeinsamen Abend verbringen würden. Kurz nach zwölf Uhr stiegen die zwei Maschinen in Olbia in die große Mittagshitze auf. Es war für Ernst beruhigend, das kleine Flugzeug mit dem Schweizerkreuz vor sich zu sehen und ab und zu ein paar Worte mit Bruno auszutauschen. Sie hatten den Flugplan gemeinsam gemacht. Bruno hatte gute Instrumente an Bord.

Genüßlich lehnte Ernst sich in seinen Sitz, hielt festen Kurs und seinen Vordermann im Auge. Er hatte jetzt Zeit, sich mit Gernod zu unterhalten, der seine Kamera stets schußbereit und sein Tonband griffbereit hatte. Er wurde unvermittelt in die Wirklichkeit zurückgeholt: statt einer Maschine sah er plötzlich zwei vor sich. Eine andere Rallyemaschine? Nein! Ein tunesisches Militärjagdflugzeug flog vor Bruno her, schwenkte brüsk ab und gab unmißverständlich Zeichen, zu folgen. Bruno folgte. Erschrocken konsultierte Ernst seine Flugkarte. Sie waren in eine Militärzone eingeflogen. Was tun? Er drehte ab und versuchte auszuweichen. Er wurde von einem Armeehelikopter empfangen, mußte ihm folgen und landete kurz nach Bruno auf einer Militärbasis. Der Traum vom friedlichen Flug endete mit einem bösen Erwachen.

Endlich war mal was los auf dem Turm des Flugplatzes in Djerba. Seit zwei Tagen landeten deutsche und schweizerische Sportmaschinen jeder Größe und jeden Typs. Befriedigt schaute der Fluglotse auf die lange Reihe silberner Vögel, die ordentlich nebeneinander geparkt in der Sonne glänzten. Schon meldete sich wieder einer über Funk. Die Landepiste war frei. „Soll er doch herunterkommen. Zum Donnerwetter, schon der zweiundzwanzigste, fehlen wohl noch zwei", rechnete der Mann im Turm vor sich hin. „Haben wohl nichts anderes zu tun, als herumzufliegen!" Etwas neidisch schaute er von der Höhe hinab auf die Menschengruppen, die plaudernd, diskutierend und gestikulierend warteten.

Ein Mann in schnittigem, hellem Safarianzug ging von einer Gruppe zur anderen. Es war Herr Henseler, der Organisator der Rallye. Immer wieder richtete er seinen Blick zum wolkenlosen Himmel, deutete fragend auf die lange Reihe der Flugzeuge und marschierte dann entschieden zum eben gelandeten Flugzeug.

„Hallo, ihr zwei. Gut geflogen? Wo kommt ihr her? Wie war das Wetter? Niemand angetroffen? Kein Funkkontakt?" Er war offensichtlich nervös. Fröhlich stellten sich die beiden vor und sagten dann: „... doch, über Korsika hörten wir einen Funkspruch, ich glaube, es war der Helikopter. Er sagte etwas wie ‚Olbia warten'. Seinen Funkpartner hörten wir nicht. Ist er denn noch nicht da?" Herr Henseler rieb sich nervös die Hände und schaute auf die Uhr. „Wann war das? Gestern? Vorgestern, sagen Sie? Augenblick bitte, ich frage mal im Turm nach."

Noch einmal zählte Herr Henseler die Häupter seiner Lieben: es waren nur zweiundzwanzig. Einer war noch vermißt mitsamt dem Helikopter, der doch den Weg kennen sollte. Man mußte in Olbia nachforschen. Entschlossen eilte er zum Turm.

Der Nachmittag ging vorüber. Die Sonne neigte sich zum Horizont. Endlich gab Tunis bekannt, daß ein Helikopter heute gelandet und gestartet sei. Fast gleichzeitig hörte man Fluglärm, und die vermißte Zweierstaffel tauchte am Abendhimmel auf. Gab das ein Hallo, als Ernst, Gernod und Bruno aus ihren Maschinen ausstiegen. Mit Hurra wurden die Vermißten begrüßt. Es war noch einmal gutgegangen. Mit einem gemütlichen Abend mußte das gebührend gefeiert werden.

Zwei Tage später hatten sie die Wüste durchquert. Einige

der Rallye-Piloten trafen sich in Kano, Nigeria. Sie hatten schlechte Nachrichten. Eine Maschine mußte unterwegs in der Wüste mit einem Getriebeschaden hinuntergehen. Sie brauchte dringend Ersatzteile. Ernst war bereit, über seinen HF-Funk die Schweiz anzurufen und die Teile zu bestellen.

Er stieg nachmittags um halb drei Uhr auf, Richtung Maroua, Kamerun. Er stellte die Frequenz ein und rief: „Radio Berna, Radio Berna, hier ist Helikopter Hotel Bravo Xray Delta Yankee, do you read?“ Keine Antwort. Er stieg höher und höher und versuchte fortwährend Kontakt mit der Schweiz zu bekommen. Gleichzeitig beobachtete er seinen Kompaß, um den Kurs zu halten. Endlich, auf 12 000 Fuß, hörte er die Schweiz und gab die Telefonnummer von zu Hause durch. Wenige Sekunden später hörte er Hedis Stimme.

„Hörst du mich?“ — „Sehr schwach.“ — „Ich fliege von Kano nach Maroua auf 12 000 Fuß. Brauche Ersatzteile für deutsche Maschine. Hast du verstanden?“ — „Ja, es geht.“

Die Adresse sowie die Nummern der Ersatzteile mußte Ernst mehrere Male wiederholen, bis Hedi verstehen konnte. Es war ein äußerst mühevolles Unterfangen. Der Lärm der Turbine und die Wind- und Wetterverhältnisse hinderten ein vernünftiges Gespräch. Radio Berna mußte es abbrechen, da die Wörter total zerrissen.

Ernst hatte zumindest seine Nachricht durchgegeben. Das tröstete ihn ein wenig. Wo war er nun? Wieviel Zeit war vergangen? Die endlose, öde Landschaft unter ihnen lag in undurchdringlichem Dunst. Er sank und sank. Für Gernod blieb nicht viel zu tun. Filmen war jetzt ausgeschlossen, das hatte er in den vergangenen Tagen zur Genüge getan. Er wechselte ab und zu ein paar Worte mit Ernst, gab ihm mal eine Kleinigkeit zu essen, guckte in die Flugkarte und rechnete, wie lange sie noch unterwegs sein würden.

„Ich muß nochmals Radio Berna versuchen, wir schaffen Maroua nicht mehr vor dem Abend, wir haben beim

Hinaufklettern zuviel Zeit verloren." Ernst schaltete das Radio ein: „Radio Berna!" Sie hörten ihn tatsächlich. „Geben Sie mir bitte nochmals Trogen!"

„Hallo, Hedi, hörst du mich?" — „Ein wenig. Was gibt's?" — „Wir müssen in der Wüste hinunter, es ist schon leicht dämmrig. Falls die Rallyeleute uns suchen, sag' ihnen, wir kommen morgen. Hast du verstanden?" — „Ihr kommt morgen nach Maroua. Richtig. Gute Landung. Over."

Noch immer sank der Helikopter in die unwirtliche Öde, noch immer kein Anhaltspunkt. Die Sonne war nicht mehr zu sehen. Düster und feindlich kam ihnen die Erde entgegen. War dort nicht ein Licht? Es wurde immer deutlicher sichtbar. Ein Feuer! Ernst hielt darauf zu. Eine winzige Siedlung mit einem Feuer! Wunderbar! Ernst landete, grüßte die Leute und bedeutete, daß er hier schlafen wollte. Schlafen und hungern . . .

Im ersten Licht des kommenden Tages machten Ernst und Gernod sich startbereit. Sie hatten keine Ahnung, wo sie sich befanden. Ernst wußte nur, daß er während des Funkgesprächs durch starke Höhenwinde total vom Kurs abgekommen war.

Er stieg sehr hoch, um sich zu orientieren, und entdeckte in weiter Ferne ein großes Wasser. Das mußte der Tschadsee sein. Er drehte gegen Süden und erreichte nach drei Stunden und zehn Minuten Maroua, wo er mit Spannung erwartet wurde.

Der Überflug von Trogen nach Yaounde hatte diesmal mit allen Umwegen 38 Flugstunden in Anspruch genommen. In Kamerun selbst flog Ernst zuerst mit dem Filmteam, später mit Georg Ackermann während seines 52tägigen Aufenthaltes fast 150 Einsätze. Seine Flugerfahrung hatte er damit auf 1450 Stunden erhöht, das Land Kamerun nach Nord, Süd, Ost und West durchflogen und den Menschen in den verstecktesten Winkeln in jeder Beziehung unschätzbare Dienste geleistet.

Die Kopie des Films wurde ihm, wie versprochen, zugesandt, so daß er ihn mit dem Titel „Hilfe aus der Luft“ im Spätherbst desselben Jahres seinen vielen Freunden in der Schweiz vorführen konnte.

Kapitel 30

Heiterer Anfang — trübes Ende

Das Jahr 1978 brachte neue Möglichkeiten, Schwierigkeiten und Gelegenheiten, denen Ernst sich stellen mußte. Die Möglichkeiten nützte er aus, die Schwierigkeiten überwand er, und die Gelegenheiten packte er am Schopf.

Am 9. Januar unterschrieb er in München einen Kaufvertrag für eine Bo 105, eine starke, blau-rote, flinke, zweiturbinige Maschine, bestimmt für die hohen Berge in Bolivien. Im März lernte er in einem Kurs bei der Herstellerfirma eine Woche lang Theorie, im April kam die Praxis: siebzehn Stunden Umschulung in Samaden. Es waren harte Stunden in den Tälern des Engadins, bezaubernde Erlebnisse in den Gletschern der Bernina, schwindelerregende Landungen auf Gipfeln und Graten. Wolf, sein Freund und Instruktor, erließ ihm keine einzige Hochgebirgserfahrung. Am 16. April wurde die neue Maschine mit der Bezeichnung HB-XHE in Sitterdorf eingeweiht. Es war ein kalter, unfreundlicher Frühlingstag. Dennoch drängten sich viele Helimissionsfreunde zu den Rundflügen, bewunderten die Afrika-Ausstellung und bestaunten die fliegerischen Künste, die Wolf zum besten gab.

Am 8. Mai startete Ernst nach Hamburg, von wo aus die Bo mit einem Containerschiff nach Philadelphia verfrachtet wurde. Die Überführung von Amerika nach Bolivien begann gemeinsam mit Nick, dem neuen Piloten, am 3. Juni und führte in 12 Tagen südwärts durch Texas, Mexiko, Mittelamerika, Panama, Kolumbien und Peru nach La Paz in Bolivien. Ernsts Flugbuch erfuhr in diesen Tagen eine überaus vielseitige Dekoration durch Stempel der vielen kleinen und großen Flugplätze.

Nicks Frau traf einige Tage später mit einer Kursmaschine aus den USA in Bolivien ein. Zusammen wohnten sie in Cochabamba, einer 150 000 Einwohner zählenden Stadt mit einem angenehmen Klima.

Die Freude dauerte nicht lange. Am 16. Oktober verließen die beiden ohne Ankündigung Cochabamba, den Helikopter und die Missionsarbeit und flogen in die USA zurück. Ernst erfuhr auf Umwegen, daß Nicks Frau die Umstellung und die bolivianische Lebensweise nicht ertragen konnte.

So wartete die schöne Bo 105 ein halbes Jahr auf einen neuen Piloten, der dann am 16. Mai 1979 in der Gestalt von Joe, einem freundlichen, wortkargen Cowboy aus Arizona, eintraf. Mit seiner Frau, drei Söhnen, zwei Töchtern und einem mannshohen Berg Gepäck kam er in Cochabamba an, bereit, seine große Flugerfahrung (7900 Stunden auf 6 verschiedenen Helikoptertypen) in den Dienst der Mission zu stellen.

Ein Jahr und vier Monate lang flog er Missionare hinauf in die hochgelegenen Andendörfer. Einer davon war Homer Firestone, ein alter Pionier mit breitkrempigem Hut und der Bibel unter dem Arm. Er predigte in Chulpani, einem verlassenen Bergdorf.

Andere flog Joe hinab in die Urwald- und Sumpfgebiete des Beniflusses. Zu ihnen gehörten die Pioniere der „New Tribes Mission“. Keth Benson, ein Evangelist aus Venezuela, wurde in einem Indianerdorf vom Häuptling freundlich begrüßt: Schon lange habe er sich gewünscht, daß einmal ein Priester kommen und in seinem Dorf predigen würde;

hier seien seine Leute versammelt, im ganzen zweiundvierzig. Und alle hörten interessiert auf die Botschaft von der Liebe Gottes.

Im Oktober 1980 zog Joe mit seiner Frau und seinen zwei Töchtern nach Santiago in Chile, um den dortigen Missionaren die Möglichkeit zu geben, Südchile mit dem Evangelium zu erreichen. Joes Söhne (16, 18 und 20 Jahre) reisten nach Arizona zurück.

Ernst besuchte die Familie in Santiago. Sie erkundeten im Helikopter den Süden Chiles, besuchten Missionsstationen, predigten und anerboten die unbegrenzten Möglichkeiten des Helikopters den ebenso staunenden wie mißtrauischen Missionaren. Ernst und Joe waren überwältigt von der Schönheit der zerklüfteten Küste des Stillen Ozeans, von Vulkanen, Wasserfällen und riesigen, steppenartigen Ebenen im Innern des Landes. Wie gerne hätte Ernst alle die kleinen Siedlungen besucht, um den Menschen Gottes Liebe nahezubringen. Vorläufig war es aber nur ein Erkundungsflug. Die Arbeit mußte er den dort stationierten Missionsgesellschaften überlassen.

Leider war gerade dies der Punkt, an dem der Auftrag „Chile“ scheiterte. Entweder war Joe nicht der Mann, der den Missionaren die Vorteile des Helikopters plausibel machen konnte, oder die Missionare wollten von ihren traditionellen Methoden nicht abweichen, oder es stand ihnen kein Budget für Heliflüge (zum Benzinpreis!) zur Verfügung, oder ihre Heimatkomitees sahen den Sinn der Fliegerei nicht ein.

Die gute Bo stand mehr am Boden, als daß sie fliegen konnte. Verschiedene administrative und technische Probleme fügten das Ihre hinzu, daß Joes freudige Begeisterung allmählich schwand und die Berichte sorgenvoller und spärlicher wurden. Als sich die vertraglichen drei Jahre dann dem Ende näherten, konnten Joe und seine Frau sich nicht entschließen, nach einem Heimaturlaub nochmals bei der Helimission mitzuarbeiten.

Die Schwierigkeiten fingen an. Ernst hatte einen neuen Piloten in Aussicht, konnte ihn dann aber doch nicht einsetzen. Die Bo stand in Santiago bei den „Carabineros“. Gut aufgehoben, aber zu Ernsts großem Kummer untätig. Was tun? Warten? Die Bo stehen lassen? Vermieten? Verkaufen?

Kapitel 31

Erfolge in Kamerun — Kämpfe in Kenia

Kamerun, das erste Land, in dem die Helimission Fuß fassen konnte, hatte auch seine Probleme. Verschiedene Piloten hatten einander abgelöst. Wo sollte nun, wenn überhaupt, eine Basis gebaut werden? Zu Ernsts großer Überraschung traten einige junge Schweizer an ihn heran, die bereit waren, ihre handwerklichen Fähigkeiten in der Mission einzusetzen. Allen voran Georg, der Ernst schon auf seinen Flügen begleitet hatte. In Bamenda konnte die Helimission ein Stück Land kaufen, prachtvoll gelegen mit Blick auf ein weites Tal, angrenzend an die „Full Gospel Mission". Peter Schneider, Architekt und Missionar, wurde so Ernsts Nachbar und Baumeister. Georg, Hansruedi, Röbi und Michael waren die vier einsatzfreudigen, tatendurstigen Bauarbeiter. Das Haus nahm schnell Gestalt an, so daß die neue Pilotenfamilie ein schönes Zuhause fand. Ein Jahr später bekam auch der Helikopter gleich nebenan seinen Unterschlupf in einem Hangar. Wieviel Freude, Fröhlichkeit, Einzug und Abschied durfte dieses Haus seither erleben! Es wurde Treffpunkt von Missionaren der verschiedensten Missionsgesellschaften. Haus und Helikopter waren immer für alle da. Davon schrieb der HM-Pilot:

„Ich fliege für die Baptisten Ärzte und Krankenschwestern zu Buschkliniken. Auch für die Evangelisch-Lutherische Kirche mache ich Flüge, meistens, um Evangelisten zu den Koma zu bringen (ein Stamm, den Ernst 1977 zum erstenmal erreichen und zu dem er als erster Weißer bleibenden Kontakt finden konnte). Sie bleiben dann zwei Monate dort, dann bringe ich neue hin und hole die ersten wieder zurück. Einmal blieb ich mit Pastor Farestad, einem Arzt, dem afrikanischen Pastor Norbert und zwei anderen Pastoren eine Woche bei den Koma. Wir predigten in ihren Gottesdiensten, tauften 10 Gläubige, behandelten die Kranken und berieten sie in verschiedenen Fragen. Wir richteten den Komaleuten aus, daß die Regierung von ihrer Verfolgung durch die Mohammedaner gehört habe und daß sie etwas unternehmen werde, um das Problem zu lösen. Der Lamido (mohammedanischer Häuptling) sei zurechtgewiesen worden und habe dafür bezahlen müssen. Es wurde angeordnet, daß sich die Koma registrieren müssen und Identitätskarten erhalten sollten. Die Regierung forderte sie auf, von den Bergen in die Ebenen herunterzukommen. Doch die Koma trauten diesem Versprechen nicht ganz.

Nicht nur ihr Lebensstandard hat sich verbessert, viele von ihnen haben Jesus als ihren Erlöser angenommen. Zwei Familien gehen in Tibati zur Bibelschule. Bald werden sie ihrem eigenen Volk das Evangelium verkündigen."

Um den Spitälern und Missionsstationen die Kommunikation mit dem Helikopter zu erleichtern, hatte Ernst bei der Regierung ein Gesuch um Funkverbindung gestellt. Nach Jahren — er glaubte selber kaum mehr an eine positive Antwort — bekam er die Bewilligung für sieben Funkstationen. In Windeseile kaufte er in der Schweiz das nötige Material für die Antennen, nahm einen halbtägigen Unterricht in Antennenbau, bestellte die Apparate in Amerika und reiste schwerbeladen nach Kamerun. Er flog von Station zu Station, stieg auf die Hausdächer und montierte die Anlagen. Gab das ein Hallo, als die erste Verbindung mit dem Spital in Ngoundere funktionierte! Jeden Morgen zur verabredeten

Zeit wurden die verschiedenen Stationen von Bamenda aus aufgerufen. Wer sollte nun dieses neue Hilfsmittel bedienen, wenn Ernst nach Hause flog? Vorläufig blieb es ruhig, denn der Pilot war kurz zuvor in die USA zurückgekehrt.

Ernst suchte eine Person, die englisch und französisch sprechen konnte sowie Zeit und den nötigen Elan hatte, sich im fernen Afrika zurechtzufinden.

Er fragte Trudy, eine pensionierte Sekretärin aus seinem Nachbardorf. Im Zweiten Weltkrieg war Trudy Rotkreuzfahrerin gewesen, also eine couragierte, energische Frau, noch sehr rüstig, obwohl schon über siebzig. Ihre spontane Antwort: „Gut, Ernst, ich werde gehen, aber nur, wenn du niemand anders finden kannst!“ Und, schon nachdenklicher, fügte sie hinzu: „Aber, jemand muß für mein Haus und meine Tiere sorgen, da sind die Katzen, die Kaninchen und Zita, meine Collie-Hündin, ohne die ich eigentlich nicht leben kann. Sie ist fast so alt wie ich und kann sich schlecht an jemanden gewöhnen.“ — „Wenn du gehst, geht Zita mit dir“, erwiderte Ernst belustigt und klopfte Trudy ermutigend auf die Schulter.

Ein Anruf riß Hedi aus dem ersten Schlaf. Es war kurz vor Mitternacht, als sie schlaftrunken den Hörer abnahm. „Tanner“, brummte sie etwas ärgerlich. „Hallo, Hedi, sorry für die Störung.“ Ernst war am anderen Ende der Leitung. Etwas war schiefgegangen, das war Hedi klar, sonst würde Ernst sie nicht aus dem wohlverdienten Schlaf reißen. „Ist Trudy nicht angekommen?“ fragte sie deshalb besorgt. Ernst hätte Trudy auf dem Flugplatz in Douala empfangen sollen. „Doch, Trudy schon, aber Zita nicht. Hedi, telefoniere sofort nach Genf, wo Trudy umsteigen mußte, vielleicht ist Zita dort nicht umgeladen worden. Ich rufe in einer Viertelstunde nochmals an.“

Also rief Hedi mitten in der Nacht den Flughafen Cointrin an. Aber es sollte noch zwei Tage dauern, bis die völlig entnervte Trudy ihre geliebte Zita in Afrika in die Arme schließen konnte . . . Ernst führte Trudy in ihre Arbeit am

Funkgerät ein. Sie begriff schnell und freudig. Nach zwei Wochen war sie die alleinige Herrin des Hauses in Bamenda, wohl behütet von ihrer Zita. Nach ihrer Ablösung und Rückkehr in die Schweiz erzählte sie:

„Sprachlos stand ich da, als mir Ernst Tanner eines Tages eröffnete, daß er dringend jemanden brauche, der in Kamerun die Leitung der neuerstellten Funkanlage übernehmen sollte und er mich, da ich französisch und englisch spreche, dafür vorgesehen habe. Ich hatte viele Bedenken, aber Herr Tanner hat mir immer wieder Mut gemacht, den Schritt trotzdem zu wagen. So startete ich am 31. August letzten Jahres in den mir völlig fremden, schwarzen Erdteil. Meine Ängste waren groß und auch berechtigt: isoliert auf einem — wenn auch sehr schönen — Hügel, völlig auf mich selbst angewiesen, keine Nachbarn, kein Telefon, Briefweg in die Heimat zwei bis drei Wochen, und die Gesundheit stand auch nicht zum besten, abgesehen von der klimatischen Veränderung. Mein Gottvertrauen, ich muß es gestehen, stand noch auf wackeligen Füßen, doch es wurde immer mehr gefestigt, indem ich Hilfe in Notsituationen erfuhr, die aussichtslos schienen. Der Herr war immer da, wenn ich ihn anrief, und ich möchte bei dieser Gelegenheit auch all jenen danken, die fürbittend meiner gedacht haben. Der Einsatz hat sich gelohnt. Die Funkarbeit und somit der tägliche Kontakt mit den verschiedenen zum Teil weit entfernten Missionen hat mir viel Freude gemacht. Ich bin mit der Zeit vielen wertvollen Menschen begegnet, die zu lieben Freunden geworden sind. — Ich kann junge Leute nur ermutigen, nicht auf die Probleme zu schauen, sondern sich einfach dem Herrn für die Missionsarbeit zur Verfügung zu stellen.“

Aus Kenia kamen jedoch andere Töne.

Der Pilot Van bekam die Erlaubnis, mit dem Helikopter auch nach Uganda zu fliegen. Er flog den Vertreter der „Christian Aid“ zur Missionsstation in Kaabong. Dieser sollte beurteilen, ob Hilfssendungen ins Karamoja-Gebiet nötig seien. Nach einem Flug war er überzeugt! Er empfahl auch, daß „Christian Aid“ Geldmittel für Helikopterflüge bereitstellen sollte, denn er hielt den Helikopter für ein unentbehrliches Transportmittel. Sein Antrag fand leider bei den maßgeblichen Stellen kein Gehör.

Vans Berichte wurden in Trogen immer mit Spannung gelesen. Im Nordosten Ugandas, im Karamoja, herrschten schlimme Zustände. In einem Bericht hieß es: „Die Kirche von Uganda bat mich, zum Missions-Buschspital zu fliegen. Ich sollte dort einen verwundeten Mann abholen. Er hatte einen mit Lebensmitteln beladenen Lastwagen gefahren, war von Banditen überfallen und in Rücken und Kopf geschossen worden. Da er wegen der schlechten Straßen nicht per Auto transportiert werden durfte, flog ich ihn nach Entebbe, und ein Krankenwagen brachte ihn ins Spital. In das oben erwähnte Buschspital kommen monatlich hundert neue Patienten. Dreiviertel davon sind Opfer der Banditen.

Ich besuchte auch ein Versorgungslager. Wegen der Terror-Aktionen konnten die Bauern nicht mehr anpflanzen. Außerdem wurde ihnen das Vieh gestohlen. Kein Wunder, daß sie vor Hunger sterben.

Ich fliege heute nach Kaabong, um dringend gebrauchte Intravenösnadeln zu den medizinischen Teams der Organisation ‚Save the Children‘ zu bringen. Morgen fliege ich den von der UNICEF abgeordneten Sekretär dorthin, um die Situation abzuklären. Hoffentlich wird er die Wiederaufnahme der Lebensmitteltransporte billigen!“

Van konnte nur den ersten Auftrag ausführen, beim zweiten wurde auf ihn geschossen. Er mußte nach Kenia zurückfliegen. Sein Bericht:

„Ich wollte auf dem Flugplatz von Soroti landen, um den UNICEF-Sekretär abzuholen. Als ich gerade vor dem Hangar in kaum zwei Meter Höhe schwebte, war mir, als hörte ich Schüsse. Während ich dachte: ‚Nein, sie können doch nicht auf dich schießen‘, hörte ich es schon wieder krachen. Sofort drückte ich auf's Gas und flog davon. So schnell ich nur konnte, entwich ich zwischen dem Hangar und den Bäumen, die mir etwas Schutz boten. Fünf bis sechs Sekunden lang hatte ich Vollgas gegeben, und ich erinnere mich, daß sich das Geräusch der Turbine und des Rotors veränderte. Ich flog 30 Kilometer in den Busch hinaus, landete und verbrachte dort die Nacht. Am nächsten Morgen untersuchte ich den Heli gründlich nach Einschußlöchern. Ich fand keine, Gott sei Dank! Dann machte ich eine 25-Stunden-Kontrolle und prüfte den Antrieb auf Überhitzung oder sonstige Überbeanspruchung. Die Turbine konnte ich nicht untersuchen, weil ich dafür nicht qualifiziert bin und keine Werkzeuge hatte. Auch konnte ich den Heli nicht verlassen, um einen qualifizierten Mechaniker zu holen, weil er von der tansanischen ‚Befreiungsarmee' hätte zerstört oder eingezogen werden können. Da sonst alles lufttüchtig erschien, beschloß ich, nach Kenia zurückzufliegen. Ich landete in Kitale, der nächstliegenden Stadt, mit nur noch 20 Liter Treibstoff im Tank."

Solche Nachrichten waren für Ernst nicht ermutigend. Er hatte durch die Medien in der Schweiz schon gehört, daß in Uganda ein Schweizer Helikopter beschossen worden war. Nachdem das beschädigte Triebwerk repariert worden war, setzte Van seine Hilfsflüge in Uganda fort.

Eine andere Seite der Helikoptereinsätze in Kenia zeigt folgender Bericht einer Augenkrankenschwester. Sie faßte ihn in eine Art Funkspruch:

„Unternehmen UNERREICHBAR

25. Oktober. Attention! Hier HB-XCX. Die Helimission im Auftrag der Blindenmission. An Bord ist das Augenteam. Wir nähern uns Kapsowar, 2400 m über dem Meeresspiegel, 2¼ Stunden Flug von Nairobi. Sicht klar, Kapsowar Missionsstation liegt auf einem Plateau. Wir nähern uns dem Fußballfeld. An die hundert Schulkinder laufen zusammen.

Blaue Schuluniformen leuchten. Das ist ein Krabbeln an den Hängen, als seien die Berge lebendig geworden. Sie winken mit rosa Papierkärtchen. Was mag das sein? Wir sind bereit zur Landung. Over."

„27. Oktober. Attention! Hier HB-XCX. Die Helimission im Auftrag der Blindenmission. Unternehmen UNERREICHBAR gelungen! Hören Sie mich? Wir verlassen eben Kapsowar. Zahlreiche Wolken, Sicht schlecht. Augenteam wohlauf. Attention! Hier HB-XCX im Auftrag der Blindenmission. Unternehmen UNERREICHBAR abgeschlossen! Wir nähern uns Eldoret. Zahlreiche Wolken. Sonst alles o.k. Haltet Badewasser bereit, Co-Pilotin hat dreckige Füße! Ende der Informationen. Over and out."

Die Zusammenarbeit mit anderen Missionen ist neben der Fliegerei der wichtigste Dienst des Piloten. Von seinem Sinn für Koordination, Gemeinschaft und Kontakte hängt es ab, ob der Helikopter genügend und zweckentsprechend genützt wird. Einerseits muß er die Flüge organisieren, andererseits die Missionare ermutigen, die zur Verfügung stehende Maschine zu Einsätzen, die ohne Heli nicht möglich wären, zu gebrauchen. Oft sind die Missionare mit Schulung, Bauen, Predigtdienst und Schreibarbeit so sehr beschäftigt, daß sie vergessen, daß „hinter den Bergen auch noch Menschen sind". Für jene wurde die Helimission ins Leben gerufen: für Menschen, die auf Hilfe warten und für Missionspioniere, die Hilfe bringen wollen.

Kapitel 32

Die Familie geht mit

Für Hedi und die Kinder war es sehr hilfreich, Ernst auf einem Einsatz zu begleiten, um zu verstehen, was er wirklich ausrichtete. Immer nur zu hören, was der Vater erzählte, war doch etwas anderes, als es einmal zu sehen und mitzuerleben.

Das Erdbeben geschah an einem Sonntagabend. Wie Gino, ein Helfer aus Salerno, später erzählte, dauerte es eineinhalb Minuten, im Zentrum sogar zwei. Das Donnern in der Erde, die plötzliche Dunkelheit, das Geschrei der Menschen, die Feuersbrünste, all dies zusammen muß furchtbar gewesen sein.

Erst Tage nach der Katastrophe hörte Ernst durch die Medien davon. Sofort fühlte er die Not wie eine schwere Last auf dem Herzen. Hatte er nicht eine Möglichkeit zu helfen? Die Maschine aus Kamerun stand ja hinter seinem Haus, denn sie war zu einer großen Revision in die Schweiz gekommen. Er bot sie per Telefon vielen Organisationen an. Drei Tage lang versuchte er unermüdlich alle Möglichkeiten. Absagen, Zusagen, Nachfragen, Dementi, Wenn und Aber lösten sich ab. Dazwischen machte Ernst die Maschine hinter seinem Haus startbereit, im Glauben, daß das o.k. noch eintreffen werde. Endlich, nach einem spannungsgeladenen Wochenende, erhielt er die Einladung und zugleich Flugerlaubnis vom Deutschen Roten Kreuz in Neapel.

Die Zusammenarbeit mit den Männern des DRK war sehr positiv. Selbst bei schlechtem Wetter konnte er viele Orte erreichen, wichtige Informationen an die Koordinationsstelle weitergeben und so die Hilfe gezielter einsetzen. In den beiden letzten Tagen seines Einsatzes besuchte er mit einem Schweizer Missionar aus Salerno viele heimgesuchte Dörfer und machte wertvolle Kontakte mit der Bevölkerung. Aus vielen Gesprächen erkannte er das Bedürfnis der Betroffenen nach geistlicher Hilfe. Am 12. Dezember flog er zurück und machte seiner Familie den Vorschlag, Weihnachten in Süditalien zu verbringen. Alle stimmten freudig zu.

Hedi war es doch etwas bange zumute. Schon vor seinem Katastropheneinsatz hatte sie Ernst gefragt: „Macht es dir nichts aus, Tote, Sterbende, Verzweifelte anzutreffen? Was sagst du zu ihnen?“ Nein, es machte ihm nichts. Er wußte, was er sagen und tun würde. Er kannte Not und Tod von Äthiopien her. Er war zuversichtlich und wollte nur Hilfe bringen. Zehn Tage blieben ihm noch bis Weihnachten. Ernst wollte ein Traktat schreiben, übersetzen und drucken lassen — und er wollte Firmen um Naturalspenden bitten und damit etwa 2000 Päckchen packen . . .

Die nächsten Tage schien nichts zu klappen. Ernst und Hedi waren nahe daran, aufzugeben. Da fand Hedi eines Morgens auf dem noch warmen Bett ihres Jüngsten einen Zettel: „Für die Helimission, Italien.“ Darunter lagen drei Zwanzigernoten. Es war sein ganzes Vermögen. Wenn er glaubte, daß es möglich war, dann wollten Ernst und Hedi auch glauben.

Von jetzt an brachte jeder neue Tag etwas Positives. Bis Samstag war das Büro kaum wiederzuerkennen. Überall standen Berge von Schachteln und Paketen, und an einer langen Tischreihe füllten fleißige Helfer in Fließbandarbeit 2000 Säcklein: Kugelschreiber, Kerze, Nähzeug, Zahnpasta, Zündhölzer, Taschenlampe, Bisquits, Nüsse, Bonbons, Schokolade, Deodorant und ein Blatt voller Trostworte. Die Pakete, zusammen ungefähr eine Tonne schwer, wurden mit einem Bus gefahren. Ernsts Auto, mit Musikinstrumenten, Gepäck und Kindern beladen, fuhr mit einem Wohnwagen am frühen Morgen des 23. Dezember in Trogen los.

Gegen ein Uhr nachts kam die Familie nach mühsamer Fahrt im Hotel an, in dem Ernst während seines Flugeinsatzes gewohnt hatte. Todmüde sanken alle in die Betten.

Wie eindrücklich, anstrengend und ereignisreich die Tage wurden, erzählten Hedi und die Kinder so:

„Strahlender Sonnenschein lag über Salerno und über dem Meer, als ich am Weihnachtsmorgen auf den Balkon trat. Voller Freude packten wir den Wagen: Vorn Ernst und Gino, unser italienischer Führer und Dolmetscher, in der Mitte Mirjam, Damaris, Simon und ich, zuhinterst, eingeklemmt zwischen Filmkamera, Picknick, Mänteln und Musikinstrumenten, saß Lukas und prüfte erwartungsvoll die Straße, die uns in das verwüstete Land bringen sollte — und auf dem Dach, hoch aufgestapelt und festgebunden, Schachteln mit kleinen Weihnachtpaketen. Nach ungefähr 1½ Stunden erreichten wir einen flachen Höhenzug, von dem aus wir eine weite Aussicht genossen. Die Straße war uneben und zerrissen. In der Nähe stand ein Wohnwagen vor einem einsamen, eingestürzten Haus. Ein Bauer trieb Schafe und einige Kühe vorbei. Hinter der Herde folgten zwei Kinder. Jedes erhielt ein Päckchen. Für einen Augenblick erhellten sich die von Schrecken und Angst gezeichneten Gesichter.

Wir fuhren weiter nach Sant Andrea. An einer Tankstelle sollten wir einen Mann treffen, der uns einen Platz für den Wohnwagen zeigen sollte. Nach langem Warten und Herumfragen fanden wir den betreffenden Mann. Er zwängte sich auch noch zu uns ins Auto und führte uns über Berg und Tal nach Caposele. Dort hatte er einen Bruder, der seit dem Erdbeben mit seiner Frau in einem kleinen Fiat wohnte. Für diesen war der Wohnwagen bestimmt. Wir stellten ihn auf einen großen Platz neben andere Wohnwagen und führten die beiden zum neuen ‚Häuschen‘. Sie waren sehr, sehr dankbar.

In St. Angelo besuchten wir Menschen in einem Wellblechschuppen. In der Mitte brannte ein Feuer direkt auf dem Boden. Der Raum war erfüllt vom Rauch. Die Augen schmerzten. Ein Baby weinte. Ernst betete. Wir fanden keine Worte. Nur Tränen.

Im Dorf entstehen herzzerbrechende Szenen. Jeder will, daß wir in sein ‚Haus' kommen, will uns seine Not zeigen. Der eine erzählt unseren Mädchen, der andere unseren Buben. Wir sagen ‚coraggio' (Mut) oder ‚vi amiamo' (wir lieben euch) oder gar nichts. Wir umarmen und küssen die Leute, schütteln viele Hände, stehen bei ihnen und schauen und hören zu.

In Lioni besuchen wir die ‚Leute im Zug'. Eine breite Hühnertreppe führt zur Tür in der Mitte eines Wagens. Die übrigen Wagen haben keinen Zugang. Kein Licht brennt in der Dämmerung. Verlassen steht der Zug auf dem Abstellgleis. Wer wohnt wohl darin? Kein Mensch ist zu sehen. Wir treten ein. Ein Soldat will uns zurückweisen. Ernst erklärt und zeigt das Empfehlungsschreiben vom Roten Kreuz. Eine freundliche Krankenschwester erscheint und erlaubt uns, einzutreten. Wir sind in einem Lazarettzug. Wir verteilen Päckchen, singen Weihnachtslieder und italienische Chorusse. Die Augen leuchten. Die Schwester bittet uns, auch im nächsten Wagen zu singen. Helfer und Helferinnen stehen im Kreis, sitzen bei den Patienten und hören zu. Es ist Weihnachten. Wir sind alle reich gesegnet. Hedi."

„Durch den Besuch unserer Familie durften wir vielen verzweifelten Menschen neue Hoffnung und Ermutigung bringen. Wir hatten die Möglichkeit, vielen zerrissenen Familien das Evangelium in Form eines Traktates zu bringen und ihnen trotz des schweren Schicksals, das jeder einzelne erlebte, die Liebe Gottes zu zeigen. Ich glaube, daß ihr Schicksal auch das unsere sein sollte und daß wir in Fürbitte hinter diesen Menschen stehen sollten. Mirjam."

Simon versetzte sich in die Lage dieser Menschen. Er schrieb: „Die Erde bebt, die Leute schreien. Staub wirbelt hoch. Krachen von zusammenstürzenden Häusern. Mein Haus — ein Schutthaufen. Mein Meerschweinchen — entwischt. Mein Vieh und meine Schafe, mein Hund und mein liebes Kätzchen — sie liegen in den Trümmern des Stalles, bellen und miauen herzzerbrechend, und ich kann sie nicht retten. Wo ist mein Vogel? Entflogen! — Mein Vater — unter den Überresten des Hauses. — Meine Mutter — schwer verletzt. Mein Bruder — im Auto erdrückt. — Meine Schwester — tot. Das ist das Bild meiner Familie. Ich bekomme einen Wohnwagen, nur einen Wohnwagen. Das Essen wird mir gebracht, aber nur mein Essen. Keiner fragt nach meinem Vater, niemand nach meiner Mutter. Keiner erkundigt sich nach meinen Geschwistern. Niemand redet mir tröstlich zu. Keiner ist da, der mir mit großer Liebe und Freundlichkeit Mut und Hoffnung zuspricht. Niemand, der mir dieses schreckliche Unglück mit der Bibel erklären kann. Ich bin allein, das empfinde ich sehr — und doch soll mir Gott beistehen. Ich lebe, aber Vater, Mutter, Brüder und Schwestern sind tot. Wie verlangt mein Herz nach einem lieben, tröstenden Wort! Und das soll Weihnachten sein?“

„Wo mir dur d’Stadt Lioni gfahre sind, han i vill idrückliche Bilder gsee. A eim Wohnblock isch die eint Site öpe en Meter abgsunke, daß es d’Verbindigsstäge ganz verrisse hät. Bi eim Hus hät me nu no de oberscht Stock gsee, de Reschte isch ganz i d’Erde versunke. Ame andere Hus han i d’Stubelampe gsee a der Tecki hange, wil di vorder Wand usebroche isch. Ich han i vill Zimmer ie gsee, wo no Möbel drin gstande sind, wo me nöd hät chöne usehole, will’s Gfahr gha hät, daß s’Hus istürzt. Am schlimmschte häts mi tunkt, dass d’Lüt so trurig gsi sind, wills nöd gwüsst händ, worum das alles gscheh isch. Lukas.“

„Einer unserer letzten Besuche galt Laviano. Wie die meisten Dörfer lag Laviano zuoberst auf den Felsen. Von unten konnten wir in der Dämmerung den Schutthaufen des Dorfes erkennen. Die Straße stieg steil bergan und war in einem schrecklichen Zustand. Wie wir vernahmen, hatte dieses Dorf am längsten auf Hilfe gewartet, weil die Straße zum Teil abgerutscht, zum Teil verschüttet gewesen war. Schon der Gesichtsausdruck der umherstehenden Bewohner ging mir tief ins Herz. Je näher wir dem Dorf kamen, um so mehr erschütterte mich dieser Anblick, denn in all den vergangenen Tagen und Stunden sah ich kein so großes Elend wie hier. Wir ließen unser Auto am Rand des Dorfes stehen und gingen zu Fuß ins Innere. Ich konnte kaum feststellen, wo einmal ein Haus gestanden hatte, es war alles voller Trümmer. Soldaten hatten ganz schmale Wege freigelegt. Mit viel Geduld legten sie Stein um Stein weg, um nach vermißten Einwohnern zu suchen. Dies war bestimmt eine der schlimmsten Arbeiten, denn kein Parfum konnte den Geruch der Toten verdrängen. Vereinzelt trafen wir Leute, die immer noch nach ihren Habseligkeiten suchten. Andere hingegen konnten den Anblick ihres früher so schönen Bergdorfes nicht ertragen. An verschiedenen Orten standen Berge von Särgen, die auf die Vermißten warteten. Auf einem Trümmerhaufen, mitten im Dorf, saß ein Kätzchen, das sich nicht von seiner vertrauten Umgebung lösen konnte. Dann fuhren wir zu den Einwohnern am Fuße des Berges, wo sie alle in Wohnwagen einen notdürftigen Unterschlupf gefunden hatten. Wir trafen einen jungen Mann. Er rief uns verzweifelt entgegen: Alles kaputt, Haus, Familie, alles kaputt! Er packte Papa, umarmte ihn, ließ ihn stehen und rannte in den Wohnwagen. Wir warteten, bis er zurückkam und uns ein Buch entgegenstreckte. Es hieß ‚Azzurro'. Es waren Gedichte, die er über sein Dorf, seine Leute, seine Heimat, seine Schule geschrieben hatte. Er war Lehrer. Welch ein Schicksal! Wir durften das Buch mit nach Hause nehmen. Wir hatten viele Gelegenheiten, den Leuten in ihre erschütterten, fragenden und suchenden Herzen ein gutes Wort und ein Lied des Friedens zu bringen, damit ihr Durst nach Hilfe ein wenig gestillt wurde. Fast überall wurden wir herzlich willkommen geheißen. Damaris."

Von früh bis spät war die Familie unterwegs. Sie lernten

verstehen, was es heißt, durchzubeißen, durchzuhalten. Sie erfuhren aber auch das befriedigende Glück, das ihren Eifer krönte. Eine Woche später, als sie müde und abgekämpft zu Hause aus dem Auto stiegen, waren sich alle einig: das war die schönste Weihnacht, die sie erlebt hatten.

Im nächsten Sommer besuchten die Tanners noch einmal das Katastrophengebiet. Ernst besuchte die Orte, wo er so viel Leid gesehen hatte, und grüßte viele bekannte Gesichter. Er hatte diesmal keine Päckchen zu verteilen, aber er fand Freunde, die ihn und seine Lieben aufs herzlichste empfingen.

5. Teil

Kapitel 33

Barbalo

Es war warm draußen, obwohl man erst den 14. Januar 1983 schrieb. Diese Frühlingsstimmung paßte nicht ganz zu den Gefühlen von Ernst Tanner, der eben an der 43. Straße in New York aus der U-Bahn heraufstieg. Tief atmete er die milde Luft ein; es war eher ein Seufzen als eine Erleichterung. Seine Augen verrieten gespannte Entschlossenheit. Hastig drängte er sich durch die Menge. Seine Gedanken führten ihn aus der ihm wohlbekannten Großstadt weg nach Chile zur schönen Bo 105, die ihm seit längerer Zeit Kopfzerbrechen machte. Ihretwegen war er hier in New York unterwegs.

Joe, der Pilot, der die Bo 105 geflogen hatte, war nach dreijähriger Geduldsprobe des mangelnden Interesses überdrüssig geworden, das die Missionen dem Hubschrauber entgegengebracht hatten, und kurzentschlossen in die Heimat zurückgekehrt. Ernst kannte diese bedenklichen Zustände aus eigener Erfahrung und konnte es Joe nicht verübeln. Sollte er die Maschine aus dem Land nehmen oder vielleicht vermieten, bis ein neuer Pilot gefunden und sich neue Möglichkeiten öffnen würden? Er war selbst in Chile gewesen, hatte die Bo 105 von Temuco nach Santiago geflogen und bei den Carabineros eingestellt.

Daß er sie vermieten oder verkaufen wollte, hatte sich schnell herumgesprochen, und schon kamen die ersten Angebote. Aus Santiago interessierte sich ein gewisser Herr

Griffin, und am selben Tag hatte Ernst auch aus New York einen Anruf von einer Firma erhalten, die den Vertrag für die Ölplattformen im Süden Chiles erhalten habe und für diese Arbeit eine zweimotorige Maschine mieten oder kaufen wollte. Da Ernst zu Predigtdiensten in die USA eingeladen war, benutzte er die Gelegenheit, diese Firma in New York aufzusuchen. Noch einmal erinnerte er sich an das Telefongespräch, in dessen Verlauf er erwähnt hatte, daß dieser Herr Griffin aus Santiago ihm ebenfalls ein Angebot gemacht habe. Sofort hatte der Herr am Telefon ihn gewarnt, er kenne diesen Griffin, und Ernst sollte auf keinen Fall eine Zahlung über New York, London oder Paris machen, sondern über eine chilenische Bank, er könne sonst in eine Schwarzgeld-Affäre hineingezogen werden. Diese Bedingung hatte Ernst nach Santiago durchgegeben und seither nichts mehr von Herrn Griffin gehört.

Bei diesem Gedanken atmete er etwas auf. Bestimmt hatte Gott ihn vor schlimmen Folgen bewahrt. Er beschleunigte seine Schritte. Er sollte heute bei dieser Firma vorsprechen. Der Herr vom Telefon sei zwar nicht anwesend, doch wollte der Boß selbst, ein Herr namens Fernando Rios Selvo de Barbalo, ihn empfangen. Ernst war nun in der Fifth Avenue angekommen, die als Sitz der renommiertesten Unternehmen gilt.

Er fuhr zum 24sten Stockwerk, wo ihn eine freundliche ältere Dame empfing und in das geräumige Büro des Chefs führte. Ernst staunte nicht wenig, als ihn ein charmanter Mann in den Dreißigern, von eher kleiner Statur, begrüßte. Er hatte sich den Chef dieser großen Firma eher etwas älter vorgestellt. Die tiefe, ruhige Stimme und das selbstsichere Auftreten ließen jedoch keine Zweifel an seinen Fähigkeiten zu. Nach einem Rundgang durch die weitläufigen Büroräume setzten sie sich und blickten durch große Fenster auf das weltbekannte Businesszentrum von Manhattan.

„Ich habe eine sehr interessante Mitteilung“, begann Herr Barbalo unvermittelt das Gespräch. „Herr Griffin hat uns eine Bo 105 zum Kauf angeboten. Wir erkundigten uns bei der Bo-Vertretung hier. Herr Moore, der Sie persönlich gut kennt, versicherte mir, daß es sich nur um die Maschine von Herrn Tanner handeln könne, es sei die einzige Bo 105 in Chile in Privatbesitz."

In Ernsts Kopf blitzte es. Also hatte dieser Griffin seinen schönen Heli verkaufen wollen, ehe es zu einer Einigung, geschweige einer Zahlung, gekommen war!

„Ohne Herrn Griffin von meinem Wissen etwas zu sagen", fuhr Barbalo fort, „habe ich ihn für morgen hierherbestellt, um einen Kaufvertrag zu machen. Ist er einmal hier in meinem Büro, werde ich ihn Ihnen gegenüberstellen und seinen Schwindel platzen lassen. Er wird gegen 15:00 hier eintreffen."

Mit Entsetzen über solche Verlogenheit und mit ebensolcher Spannung sah Ernst der Blamage Griffins entgegen. Er unterhielt sich mit Herrn Barbalo über seine Helikopterarbeit in der Dritten Welt. Der reiche Geschäftsmann zeigte sich sehr beeindruckt und versprach, diese interessante Arbeit nach Möglichkeit zu unterstützen. Er selbst habe in einer jesuitischen Universität Jura studiert, sei aber kurz vor dem Studienabschluß ausgestiegen. Die beiden Männer vertieften sich mehr und mehr in geistliche Gespräche und kamen nicht weiter auf geschäftliche Abmachungen zu sprechen.

Endlich erhob sich Barbalo, lud Ernst zu einem Lunch ein und überreichte ihm seine Visitenkarte. Daraus entnahm Ernst, daß Barbalo mit der größten Helikopterfirma der USA, der „Evergreen", zusammenarbeitete. Er war der Vertreter für Chile. Herr Barbalo ließ es sich nicht nehmen, Ernst zu verwöhnen. Nach dem Essen im Lincoln Hotel fuhr er ihn im Rolls Royce zu seiner Wohnung außerhalb der Stadt. Ernst erzählt:

„Diese Fahrt bleibt als unvergeßliches Erlebnis in meiner Erinnerung. Abgesehen von der Tatsache, daß ich noch nie zuvor einen Rolls Royce von innen gesehen hatte, glitten wir fast lautlos zwischen den Autokolonnen hindurch, hörten Vivaldi aus erstklassigen Lautsprechern und ließen uns von den anderen Autofahrern beneiden. Barbalo genoß nicht nur die Fahrt, sondern auch mein offensichtliches Vergnügen an diesem Plausch."

„Diese Appartments gehören meiner Firma", sagte Barbalo beiläufig, als sie vor drei gigantischen Wohnblocks anhielten. Der Wagen tauchte in die mehrstöckige, unterirdische Garage ein. Sie wurden vom Portier empfangen, wie es sich für einen Hausbesitzer gebührt. Ein Aufzug brachte sie ins 23. Stockwerk. Sie betraten Barbalos Privatbüro, wo er Ernst seinen Sekretär, einen Herrn Rain, vorstellte.

Die Aussicht auf New York in der Abendstimmung war atemberaubend, und Ernst konnte sich von diesem gewaltigen Anblick kaum trennen. Er lernte auch Barbalos Gattin und sein 8jähriges Söhnchen kennen. Während Herr Barbalo seine Post durchschaute, malte Ernst dem Kleinen ein paar Zeichnungen. Später brachte der unvergeßliche Wagen ihn zum Hotel Lincoln zurück, wo der Geschäftsmann ihm ein Quartier besorgt hatte.

Es war dunkel und kalt geworden. Ernst aß in einem kleinen Restaurant an der Ecke etwas Kleines und versuchte, mit den vielen Eindrücken des Tages fertigzuwerden. Er mußte sie mit jemandem teilen. Kurzentschlossen telefonierte er mit Hedi in der Schweiz. Für sie waren es der guten Dinge fast zu viel, und sie fragte kühl, ob es sich vielleicht nicht wieder um ein „Luftschloß" handle ...

Ernst hatte sich selbst auch schon gefragt, ob er sich nicht im Land der Träume befände; gleichzeitig wußte er, daß Gott auch wunderbare Dinge zu tun vermochte. Wie oft hatte er Gott um eine offene Tür in Amerika gebeten! Wie oft war er mit Filmprojektor und Prospekten durchs Land gereist, hatte in Kirchen und Sälen gepredigt und geworben, war mit Bewunderung und Versprechungen überhäuft und mehr als einmal mit leeren Taschen entlassen worden. Die Hoffnung und der Glaube an eine Wende in der Geschichte der Helimission in den USA ließen ihn nur das Beste aus dieser neuen Bekanntschaft erwarten. Hedi sah diesen Dingen aus einer anderen Perspektive viel sachlicher entgegen.

Pünktlich zur vereinbarten Zeit betrat Ernst am nächsten Morgen den vornehmen Raum im hohen Geschäftshaus. Herr Barbalo empfing ihn und legte ihm ein Telex vor, das besagte, daß Herr Griffin heute nicht nach New York kommen könne. Aus gesundheitlichen Gründen! Es dauerte keine halbe Stunde, bis die Sekretärin ein zweites Telex mit der Mitteilung brachte, daß Herr Griffin von der chilenischen Polizei an der Ausreise gehindert worden sei, weil er sich vor Gericht verantworten müsse und das Land deshalb nicht verlassen dürfe. Ernst fühlte sich sehr erleichtert, daß ihm die peinliche Begegnung erspart blieb. In freundschaftlicher Stimmung besprachen sie das weitere Vorgehen in Sachen Bo 105. Ein Chartervertrag würde für beide Seiten von Nutzen sein. Sie beschlossen, sich nochmals zu treffen, um dann nach reiflicher Überlegung zu einem gegenseitigen Einverständnis zu gelangen.

Der Vertragsentwurf wurde Ernst zwei Tage später vorgelesen und von der Sekretärin getippt. Herr Barbalo bat Ernst um seinen Reisepaß, da er gleich — ein paar Stockwerke tiefer — zum Notar gehen wolle. Kurze Zeit später hielt Ernst den vom Notar beglaubigten Chartervertrag für seine Bo 105 in Händen. Es war der 17. Januar 1983. Er würde nun nach Chile reisen, um die Maschine einem gewissen Herrn Garcia zu übergeben, der Barbalos Vertreter in Chile war.

Während Barbalo Ernst verabschiedete, legte er ihm noch ganz besonders ans Herz, vorläufig den im Mai beginnenden Vertrag mit der staatlichen Ölfirma in Chile nicht zu erwähnen, weil die jetzige Vertragsfirma keine Kenntnis davon habe, daß ihr Abkommen im Mai nicht erneuert werden würde.

Müde, aber glücklich kam Ernst von seiner langen Reise nach Hause. Die neue Situation wurde gründlich diskutiert, hoffend und bangend, daß die Bo 105 in guten Händen sei.

Barbalo hatte versprochen, Ernst am 23. Februar in Trogen zu besuchen. Eine leichte Krankheit hinderte ihn, sein Versprechen einzuhalten.

Die Ereignisse, die nun folgten, bewölkten den friedlichen Salemhimmel mehr und mehr. Doch das Rad, das sich in Bewegung gesetzt hatte, war nicht mehr aufzuhalten.

In einem Telefongespräch erklärte Barbalo, da der Vertrag mit der Ölfirma erst im Mai beginne, habe er mit der chilenischen Marine einen Zwischenvertrag abschließen können, aber nur unter der Bedingung, daß die Maschine chilenisch immatrikuliert sei. Deshalb müsse Ernst die schweizerische Immatrikulation HB-XHE in Bern löschen lassen — und zwar so schnell wie möglich, da er einen Piloten in Chile habe, der schon auf seinen Job warte.

Für die Löschung in Bern brauchte Ernst aber die Heli-Papiere. Er forderte sie in Chile an, hörte aber zu seiner Verwunderung, daß die Papiere verschwunden seien. Barbalo versprach, nachzuforschen und fand heraus, daß Baudrand, ein ehemaliger Bekannter von Ernst, sie an sich genommen hätte. Barbalo versprach, die Papiere per Spezialkurier zu senden.

So hatte Ernst Zeit, sich bei der Marine zu erkundigen. Dort wußte niemand etwas von dem besagten Vertrag. Ernst wagte noch immer nicht zu glauben, daß Barbalo ihn betrügen wollte. Doch ließ ihm die Sache keine Ruhe.

Bei einem nächsten Besuch in Amerika hatte Ernst die Möglichkeit, Barbalo noch einmal zu sprechen:

„Ohne lange Einleitung sagte ich Barbalo, daß die Marine in Chile keine Kenntnis von einem Vertrag mit ihm habe. Während ich sprach, betrachtete ich ihn genau. Er wurde kurz verlegen über meine offensichtlichen Zweifel. Hatte ich ihn verletzt? War ich zu weit gegangen? Er erklärte, daß er den Vertrag mit einer Baufirma abgeschlossen habe, die für die Marine arbeitet, deshalb also die Unkenntnis. Nun — das war ja möglich, aber es konnte die dunklen Wolken am Horizont unserer Bekanntschaft nicht vertreiben. Immer deutlicher lehnte ich mich innerlich auf gegen die, wie er sagte, „temporäre Annullierung" unserer schweizerischen Registration. „So etwas gibt es nicht", sagte ich, „entweder die Maschine ist angemeldet oder abgemeldet. Wo haben Sie diese Information her?" Ich erschrak selbst über meinen kritischen Ton. Sein Vertreter in Chile habe ihn dazu angewiesen. Dort sei dies auf jeden Fall möglich, meinte er. Und in bestimmendem Ton fuhr er fort: „Wenn wir diesen Vertrag verlieren, muß ich Sie auf Grund des Mietvertrages für den Verlust belangen. Mein Pilot ist seit Tagen in Chile und sitzt an der Beach, auch der muß entschädigt werden."

Ich saß in der Klemme. Barbalos Maske war gefallen. Ein scharfer Schmerz durchfuhr mich. Unter dem Druck all dieser Vorstellungen, die einer Erpressung nahe kam, und der unbestimmten Ahnung, in die Hände eines raffinierten Schurken gefallen zu sein, konnte ich kaum mehr klar denken.

Er legte mir einen Brief an das chilenische Luftamt vor, worin ich versprach, die schweizerische Registration so schnell wie möglich zu löschen. Er war in spanisch geschrieben, und Barbalo übersetzte ihn mir Wort für Wort. Meine einzige Hoffnung bestand darin, den Schwindel — wenn es einer war — aufdecken zu können. In dieser vagen Hoffnung gab ich seinem Drängen nach und unterschrieb."

Zurück in der Schweiz erkundigte sich Ernst über die Möglichkeit, in Chile mit ausländischem Kennzeichen kommerziell zu fliegen. Zu diesem Zweck sandte er ein Telex an das chilenische Luftamt. Spät abends am selben Tag rief Barbalo aus New York an. Hedi lag schon im Bett und horchte mit klopfendem Herzen, was Ernst sagte. Aufs höchste überraschte sie, daß er sich entschuldigte. Wofür nur, fragte sie sich, mußte Ernie sich entschuldigen? Das Gespräch zog sich hin. Es wurde immer hitziger. Es dauerte über Mitternacht. Sie verstand, daß Barbalo von Ernsts Erkundigungen beim chilenischen Luftamt erfahren hatte und darüber empört sei, daß Ernst kein Vertrauen in ihn hätte und nicht besser sei als Griffin. Schließlich buchstabierte Ernst etwas und schrieb dazu. Die Spannung war zum Zerreißen. Hedi stand auf, schlich hinunter und guckte Ernst über die Schulter. Was schrieb er da? In spanisch? Sie konnte es nicht verstehen. Fragend schaute sie ihren Mann an. Schweißtropfen standen auf seiner Stirn. Endlich sagte er „Good bye" und legte auf. Ein tiefer Seufzer folgte.

„Hedi, er zwang mich, in einem Telegramm und einem Telex an das chilenische Luftamt zu erklären, daß alles ein Mißverständnis und meine Frage im letzten Telex gegenstandslos sei, schau hier, alles auf spanisch. Jetzt muß ich sofort das Telegramm aufgeben und morgen früh auch noch den Telex in St. Gallen. Er drohte mir, seine Rechtsanwälte einzuschalten und mich für eine Million Schadenersatz zu belangen."

Das war eine harte Nacht für die Tanners. Barbalo wurde zum täglichen Thema in der Helimission, ja sogar am Familientisch bei Tanners. Immer tiefer sank die Hoffnung auf eine klare Abmachung mit diesem seltsamen Mann. Nach zweieinhalb Wochen kamen die Helipapiere endlich per „Spezialkurier" in Trogen an. Sie wurden ans Luftamt in Bern gesandt, und dieses bestätigte am 29. März die Löschung der HB-XHE an das chilenische Luftamt. Auf Ernsts Anfrage erklärte Barbalo, die Maschine sei in Chile für 400 000 SFr. versichert, Ernst könne seine Versicherung abmelden. Er, Barbalo, werde alle Papiere mitbringen, wenn er am 19. April, wie vereinbart, in Trogen erscheinen werde. Statt abzumelden erhöhte Ernst die Versicherung, einschließlich „Hijacking" (Flugzeugentführung).

In Ernsts Kopf herrschte ein Hin und Her: auf die eine Seite zog ihn sein Vertrauen, das er als Christ allen Menschen gegenüber hegte, auf die andere Seite riß ihn die Angst vor den undurchsichtigen Machenschaften seines Gegenübers. Tag und Nacht sann er nach Möglichkeiten, sich aus diesem Teufelskreis herauszumanövrieren. Der innere Zwiespalt fand eine jähe Wendung, als die chilenische Marine ihm mitteilte, daß ein Herr Garcia ihnen die Bo 105 zum Kauf angeboten und ihnen die Kopie eines von Ernst unterschriebenen Kaufvertrages unterbreitet habe, der besage, daß Herr Barbalo den Helikopter gekauft und bar bezahlt habe. Der Kommandant der Marine wollte Ernst nur darüber informieren, da er selber diesem Herrn Garcia nicht traute.

Diese Hiobsbotschaft traf Ernst tief. So schlecht sie auch war, brachte sie ihm doch Klarheit, mit wem er es zu tun hatte. Nur mühsam konnte er äußere Ruhe bewahren. Sein seelisches Gleichgewicht schwankte bedenklich. Wie sollte er Gott weiter dienen, wenn Haß und Ärger immer wieder aufstiegen? Wie sollte er anderen predigen, wenn er diese negativen Gefühle nicht unter die Füße bringen konnte? Seine vernichtenden Selbstvorwürfe konnte er endlich ablegen. Fragen nach Gottes Absicht in dieser dunklen Prüfungszeit mündeten in stillen Antworten. Er konnte viel später sagen, daß ihm drei Dinge klar geworden waren: 1. Einen Feind zu lieben und ihm zu vergeben, mußte geübt sein. 2. Nächstenliebe glaubt wohl alles, hat aber mit Naivität nichts zu tun. Gott hatte Ernst in eine verantwortungsvolle Position gestellt, in der er blindlings allen Menschen vertraute. Er hatte nicht geglaubt, daß es Menschen gibt, die nicht nur eine Kirchenkollekte stehlen, sondern einen ganzen Helikopter, der von Spendengeldern bezahlt und für notleidende Menschen bestimmt war. 3. Vielleicht mußte Barbalo gerade an Ernst scheitern, um Gottes Treue und Allmacht zu erkennen. Die Gewißheit dieses dritten Punktes trug Ernst durch Tage und Nächte größter Schwierigkeiten hindurch.

Als Barbalo am 19. April wieder nicht in Trogen erschien, war niemand mehr überrascht. Ein Telex seines Sekretärs, das besagte, Barbalo habe sich in Rio verspätet, wurde mit einem ungläubigen Lächeln entgegengenommen. Weiter hieß es im Telex, Barbalo sei am Wochenende in Paris telefonisch zu erreichen und er verstehe, wenn Ernst „frustrated“ sei. Ernst reiste nach Paris, um Barbalo die Auflösung des Mietvertrages zu unterbreiten. Barbalo war unauffindbar. Barbalo telefonierte kurz darauf und versprach, am 3. Mai zu kommen. Wenn er es dann nicht einhalte, so müßte Ernst ihm nichts mehr glauben. Er kam nicht, denn er hatte „einen Unfall". Ein Bekannter aus Santiago alarmierte Ernst mit der Nachricht, Barbalo versuche mit allen Mitteln, die Bo in Chile auf seinen Namen zu registrieren.

Daraufhin versuchte Ernst, die Bo in Bern wieder schweizerisch zu immatrikulieren. Dazu brauchte er einen Lufttüchtigkeitsnachweis aus Chile. Am 27. Mai flog er nach Chile, suchte einen Anwalt und sprach mit dem Kommandanten der Marine.

Kapitel 34

Charlys Ende

Wieder wurde Hedi durch den schrillen Ton des Telefons von der Arbeit aufgeschreckt. Das Telefon war nicht ihr Freund. Der graue Apparat hatte schon zu viele unangenehme Nachrichten überbracht. Sie ließ ihn einige Male klingeln, bis sie sich entschloß, zu antworten. Der Piepton im Hörer verriet ihr, daß es ein Auslandsanruf war. Zum Glück meldete sich Joel Barker aus Kenia. Sein Englisch konnte sie gut verstehen, er sprach immer langsam und deutlich. „Hallo, Joel, wie geht es dir?" — „Danke, es geht mir, Gott sei Dank, gut. Aber ich hatte heute nachmittag einen Unfall." — „Wie? Mit dem Helikopter?" — „Ja, mit dem Helikopter. Er ist zerstört, und Rick ist tot." Hedi holte tief Luft. Sie wußte nicht, was sie sagen sollte, und Joel schwieg. „Bist du verletzt? Bist du gesund?" fragte sie verstört. „Ja, ich bin gesund, es ist ein Wunder."

Nun erzählte er, daß sie den ganzen Tag Sand vom Fluß zur Missionsstation geflogen hatten. Es war anstrengend gewesen, und sie hatten sich beim Fliegen abgewechselt. Er, Joel, flog zum Fluß zurück, um die leeren Kerosinfässer zu holen. Rick hatte sie ins Netz geladen und am Heli angehängt. Joel schwebte, um zu sehen, was Rick ihm für Zeichen geben würde. Der Heli sei langsam immer mehr nach links zur Seite gekippt, er hätte ihn einfach nicht mehr aufrichten können, schließlich habe es einen furchtbaren

Schlag gegeben, als der Hauptrotor den Boden berührt habe und in Stücke zerbrochen sei. Der Heli blieb auf der Seite liegen. Er habe das Triebwerk abgestellt und sei durch die obere Türe geklettert. Rick sei wenige Schritte vom Heli entfernt bäuchlings auf dem Boden gelegen, tot.

Hedi kamen die Tränen. Nur mühsam fragte sie wieder und wieder: „Hast du dich nicht verletzt? Geht es dir gut?"

Dann faßte sie sich. Kurz besprachen sie, was zu tun sei, wen man benachrichtigen müsse: das Luftamt, die Versicherung, Ernst in Amerika, Ricks Eltern. Joel würde das Nötige in Kenia erledigen.

Hedi legte den Hörer auf. Lukas stand neben ihr. Sie setzten sich beide auf den Boden und weinten zusammen. Es war schon Abend, die Büros von Luftamt und Versicherung waren geschlossen. „Wenn nur Papa da wäre!" seufzte Luck, „kannst du ihn nicht anrufen?" — „Nein, er reist, und ich weiß nicht, wo er heute abend ist. Komm, wir beten, daß er noch anruft. Das tut er doch manchmal."

Ihr Gebet und Warten hatte sich gelohnt. Es war schon spät, aber Ernst rief an. Hedi wußte kaum, wie sie ihm die Hiobsbotschaft beibringen sollte. Als er ihr Zögern bemerkte, befürchtete er sofort, Barbalo habe wieder einen neuen Angriff lanciert. „Barbalo hat nichts von sich hören lassen", versicherte Hedi, „aber aus Kenia habe ich schlechte Nachricht." Schonend erzählte sie es ihm. Ernst konnte sich nicht erklären, wie es zu diesem schrecklichen Unfall hatte kommen können. Er fragte und fragte, und Hedi wußte keine Antworten.

„Es ist hier noch mitten am Tag, und ich werde versuchen, Ricks Eltern zu erreichen. Gott muß mir helfen, sie zu trösten. Bete für mich." Ernst und Hedi versuchten, sich gegenseitig zu trösten. Es war nicht leicht, jeder war allein und mußte allein mit dem Unglück fertig werden.

Langsam kamen weitere Nachrichten aus Kenia durch. Joel hatte die Polizei benachrichtigt. Sie stellte zwei Wachen beim Helikopter auf. Ein Arzt hatte Ricks Tod festgestellt.

Auf Wunsch der Eltern wurde die Leiche über die amerikanische Botschaft in die USA geflogen.

Ein Unwetter ließ den Fluß, an dessen Ufer der Helikopter lag, anschwellen. Um die Maschine vor dem Wegspülen zu bewahren, banden die Polizisten sie mit einem Seil an einen Baum. Sie nahmen ihr Wächteramt so ernst und waren so unbeweglich stur, daß sie Joel nicht heranließen, um den Heli vor dem Wasser zu bergen. Der Rumpf wurde hin und her gespült und auf den Steinen geschrubbt: was vom Sturz hätte gerettet werden können, wurde vom Wasser vollends zerstört. Als Ernst einen Monat später das Wrack besichtigen mußte, wurde sein Herz tief betrübt. Wieviel wertvolle Dienste hatte der gute Charly geleistet. Nun war er hin.

Joel erzählte später, wie er den ersten Trost nach dem Unglück gefunden hatte. Erschüttert war er den Fluß entlang gegangen, um Ben zu rufen. Ein tiefes Gefühl der Verlassenheit und Einsamkeit hatte ihn überfallen. Er fragte sich, ob er wirklich noch am Leben sei. Ja, er lebte, er atmete, er marschierte, er sah, er dachte! Es mußte ein Wunder geschehen sein. Engel hatten ihn beschützt, daß ihm kein Haar gekrümmt worden war. Und — dieselben Engel hatten Rick hinein in die Gegenwart Jesu begleitet. Dieser Gedanke brachte seine Gefühle allmählich wieder in Ordnung und Frieden in sein aufgewühltes Herz.

Kapitel 35

Irrfahrt der XLL

1982 hatte die Helimission drei Helikopter im Einsatz: Charly in Kenia, Yankee in Kamerun, die Bo in Chile. So wie die Bedürfnisse war auch der Gönnerkreis der Helimission gewachsen. Die großen und die kleinen Rechnungen, die täglich ins Trogener Büro hereinschneiten, konnten bezahlt werden. Ernst staunte und dankte Gott dafür. Die Helimission hatte keinen Überfluß, aber sogar für größere Summen reichte es immer. „S' hät grad glanget", pflegte Ernst zu sagen, und im stillen erinnerte er sich dann an Fannys Traum.

Im Herbst bekam er einen Hilferuf von den Philippinen. Dieses Land mit seinen vielen tausend Inseln konnte einen Hubschrauber sehr gut gebrauchen. Er reiste nach Manila, verbrachte einige Zeit bei verschiedenen Missionen, lernte die trotz bitterer Armut stets lächelnden Bewohner lieben und erkannte bald die vielfältigen Möglichkeiten eines Helikoptereinsatzes.

Zurück in der Schweiz, wurde ihm eine Maschine angeboten, die nur wenig geflogen und in einwandfreiem Zustand war. Er nahm die Gelegenheit aus Gottes Hand. Bis die Maschine einsatzbereit war, dauerte es noch einige Monate, so daß er die Einweihungsfeier für den Frühling 1983 einplante. Im Rahmen einer großen Evangelisationskampagne, genannt „Credo 83", flog die blaurote XLL Rundflüge und wurde anschließend unter Gebet ihrem Dienst am Evangelium in der Dritten Welt geweiht. Eine große Schar Christen hatte sich dazu eingefunden. Prediger der verschiedensten St. Galler Freikirchen vereinten sich im Gebet.

Anschließend stand die XLL noch einige Zeit in Belp, bekam wichtige Zusatzteile wie Schwimmer — automatisch aufblasbare Ballons am Landegestell — und Funkgerät und wurde schließlich in einem Container verpackt in Genua auf's Schiff nach Manila gebracht, wo sie am 2. September eintraf. Der Pilot kam am 15. September an.

Dort, im Hafen von Manila, begannen die Schwierigkeiten. Es war das erste Mal, daß Ernst einen Helikopter als Fracht in ein Land brachte. Bisher hatte er die Maschinen immer selbst eingeflogen und mit Zoll und Regierungen nur gute Erfahrungen gemacht. Die Zollbeamten von Manila plombierten den Container und verlangten eine Einfuhrgebühr, die den halben Wert des Helis ausmachte. Trotz allen Versprechungen der Marcos-Regierung konnte die Maschine nicht ohne Zoll eingeführt werden. Sie ruhte in ihrem Container am Hafen von Manila. Mehrere Missionen bemühten sich um Zollbefreiung, schrieben an den Regierungschef persönlich, erhielten Termine für Gespräche, Versprechungen für Unterschriften. Ernst flog selbst mehrere Male diesbezüglich auf die Philippinen. Die Zeit verstrich, der Pilot reiste zurück in die USA.

All dies geschah in dem Jahr, in dem Barbalo die schöne Bo 105 stahl und Charly abstürzte. Von den vier Helikoptern flog jetzt nur eine einzige Maschine: die in Kamerun nämlich.

Eines Tages schaute Hedi lange auf ihren bedrückten, in Gedanken versunkenen Mann. In ihrem Blick lag eine schwerwiegende Frage: Sollen wir weitermachen oder aufgeben? Ernst richtete sich langsam auf: „Ich weiß, Hedi, ich weiß, was du denkst. Aber — mit Gottes Hilfe werden sie wieder fliegen. Wir haben diesmal die Schlacht verloren, aber den Krieg werden wir gewinnen!“ Hedi seufzte zwar, aber sie verstand. Das alte Feuer in ihrem Ernie war noch nicht erloschen. Der Teufel hatte ihm wohl eins ausgewischt, aber Ernst war zum Kampf gerüstet ...

Im Mai 1984 schrieb Ernst Tanner an seine vielen Freunde in der Schweiz:

„Vom 5. Februar bis zum 27. März bemühte ich mich nochmals in Manila, von Präsident Marcos die Bewilligung zur zollfreien Einfuhr des Helikopters zu bekommen. Da ich in all der Wartezeit nie eine negative Antwort bekommen hatte, geduldete ich mich Woche um Woche, hoffte, betete, machte Besuche bei Parlamentariern, sprach bei Regierungspersonen vor, schrieb Gesuche und übte Geduld.

In all diesen Wochen hatte ich unzählige Gelegenheiten, Gott zu dienen. Ich war entschlossen, das Evangelium zu verkündigen, mit oder ohne Helikopter. Möglichkeiten gab es viele: in Spitälern, großen Büros, in öffentlichen Gebäuden und auf Plätzen gibt es Bibel- und Gebetskreise, wo sich Menschen spontan treffen — über die Mittagszeit oder nach Arbeitsschluß — um Gott zu loben und anzubeten. Viele dieser größeren und kleineren Gruppen luden mich ein. An einem Sonntag sprach ich auf einem großen Platz, wo sich gegen 7000 meist junge Menschen eingefunden hatten. Jede Woche trafen sie sich dort, saßen auf dem Boden oder standen stundenlang in der Hitze und freuten sich an der Gemeinschaft mit Gott und untereinander. In einer Strafanstalt zeigte ich den Kurzfilm der Helimission und durfte anschließend noch zweimal zu den Gefangenen sprechen.

Durch all diese positiven Erlebnisse wurde ich selber gestärkt und ermutigt."

Da alle Bemühungen vergeblich schienen, faßte Ernst einen neuen Plan. Der Container wurde wieder auf ein Schiff geladen und zur amerikanischen Insel Guam gebracht, 1000 km ostwärts, draußen im Pazifischen Ozean, wo die Einfuhr problemlos erfolgte. Dort wurde der Helikopter zusammengebaut. Im August 1984 machte Ernst einen Testflug. Die Maschine flog ausgezeichnet! Er traf Vorbereitungen, um sie über viel Wasser auf die Philippinen zu fliegen. Für den Zoll besteht eben ein großer Unterschied, ob der Heli als Ware eingeführt oder als Flugzeug eingeflogen wird.

Doch „der Mensch denkt und Gott lenkt". Anfang 1985 ging die Türe zu Äthiopien ganz unerwartet wieder auf. Durch die große Hungersnot hatte Gott sie aufgerissen. Ein Land und eine Regierung schrien um Hilfe.

Nach Absprache mit den Missionen auf den Philippinen wurde der Not der äthiopischen Bevölkerung Vorrang geschenkt, und die Filipinos gaben schweren Herzens und doch freudig die XLL für das hungernde Land frei.

Zwei Schiffsreisen um die halbe Welt führten die Maschine schließlich an ihren endgültigen Bestimmungsort: Im März 85 traf sie im Hafen Assab, am Roten Meer, ein. Mit den nötigen Formularen, Papieren und Bewilligungen versehen konnte Ernst sie in Empfang nehmen und per Lastwagen in einer heißen, ermüdenden Zweitagefahrt nach Addis Abeba bringen lassen. Zwei Jahre lang diente sie in den Bergen und Hochplateaus nördlich der Hauptstadt, versorgte Flüchtlingslager, transportierte Regierungsleute und Entwicklungshelfer, bis sie im Februar 1987 durch einen unglücklichen Absturz jäh aus der Arbeit herausgerissen wurde. Glück im Unglück hatten die fünf Männer, die heil und unversehrt die auf der Seite liegende Maschine verlassen konnten.

Kapitel 36

„Kann ich noch etwas für Sie tun?“

Eine gewisse Nervosität herrschte im Salem, sowohl im Büro wie im Haus. Für den Nachmittag hatte sich T. Wilson aus London angemeldet, ein echter englischer Gentleman, tiptop angezogen mit Krawatte und feinem Parfum, Broker der Lloyd's Versicherung, wo alle Heli sowohl Haftpflicht als auch Vollkasko versichert waren. Mr. Wilson war kein Unbekannter in Trogen, dennoch wirbelte sein Besuch jedesmal einigen Staub auf. Hedi überlegte, wie, wo und welchen Tee sie ihm anbieten sollte, die Sekretärinnen bliesen den Staub von den Bürotischen, rückten die Ordner alle in Reih und Glied, legten die Versicherungsunterlagen, Quittungen und Helipapiere sorgfältig bereit und brachten das große Helimissions-Büro in einen Topzustand.

Ernsts Gespräch mit T. Wilson verlief in gediegener, freundlicher Atmosphäre, in dessen Verlauf die neuen Bedingungen für 1984 ausgehandelt wurden. Abschließend meinte er: „Haben Sie noch irgendeine Frage oder kann ich Ihnen irgendwie helfen?“ Es war vielleicht eine Routine- oder Höflichkeitsfrage, doch sprach sie echtes Interesse aus. Ernst warf Hedi einen Blick zu, der sagte: „Soll ich ihn einweihen?“, und Hedi nickte kaum merklich.

Nun eröffnete Ernst dem staunenden Versicherungsmann

die ganze tragische Geschichte der Bo 105. Es war ihm bis zur Stunde nicht gelungen, das schweizerische Kennzeichen für die Maschine wiederzubekommen. Alle Umstände schienen sich gegen ihn zu wenden. Das größte Hindernis war die Distanz Schweiz–Chile, dazu Barbalo, der in der Welt umherreiste und meistens „unauffindbar" war. So verstrich viel wertvolle Zeit. Barbalo nützte diesen Umstand geschickt aus, um immer neue Intrigen hochzuspielen. Telexe rauschten hin und her. Neue Kontaktpersonen in Santiago wurden eingeweiht. Während sich der chilenische Anwalt um das so wichtige Lufttüchtigkeitsdokument bemühte, stellte sich ein Zollproblem für die XHE. Sie sei illegal in Chile, erfuhr Ernst vom chilenischen Luftamt. Sogar die Schweizer Botschaft hatte sich eingeschaltet, bisher ohne Erfolg. Barbalo hatte Ernst am 11. August nochmals nach Chile zu einem Treffen mit Barbalo und Anwalt gejagt. Er selbst erschien nicht, mit der Ausrede, er sei verärgert wegen eines handgreiflichen Streites zwischen Garcia, seinem Vertreter und Sam, Ernsts Vertreter. Im September wurde der Heli vom chilenischen Zoll auf Befehl des chilenischen Luftamtes beschlagnahmt. Gleichzeitig bestätigte das LA, daß Barbalo Eigentümer des Heli sei. Ernst sollte seinerseits beweisen, daß die Helimission Eigentümer sei. Dies war aber nur möglich, wenn die Bo wieder schweizerisch registriert war. Es war zum Verzweifeln.

Mr. Wilson konnte nicht verstehen, weshalb das schweizerische Luftamt die Rückregistration nicht machen konnte. „Ich war selbst in Bern, um mit den Herren vom Luftamt zu sprechen", erwiderte Ernst resigniert, „Barbalo hatte ihnen durch einen Anwalt in Genf Fotokopien des besagten — gefälschten — Kaufvertrages vorgelegt, die vom Luftamt akzeptiert worden waren."

Während Ernst weitererzählte, hörte Mr. Wilson aufs höchste interessiert zu. Das Zollproblem in Chile war nicht außer acht zu lassen. Der Zoll drohte, den Heli zu versteigern. Im November hatte Ernst sogar eine Rechnung bekommen — nicht eine Verzollung, sondern eine Strafe —, die den Wert des Heli überstieg.

„Vor zwei Wochen, als ich nicht zu Hause war, telefonierte Barbalo mit meiner Frau, er habe uns einen Brief gesandt. Er sagte auch, ich sei ein ehrlicher Mann, er wolle mit mir zusammentreffen und eine Lösung des Problems finden. Er rief sogar vor wenigen Tagen nochmals an, wieder während meiner Abwesenheit, sonderbar, nicht wahr?" schloß Ernst nachdenklich.

Ein Anruf unterbrach das Gespräch. Sichtlich erregt setzte sich Ernst wieder zu seinem Gesprächspartner. „Das Luftamt teilte mir eben mit, daß ein Notar und die Schweizer Botschaft in New York bestätigen, daß die notarielle Beglaubigung des Kaufvertrages in Ordnung und der Vertrag echt sei. Sie könnten demzufolge den Helikopter nicht registrieren." Mr. Wilson runzelte die Stirn. „Akzeptieren Sie das nicht einfach, Herr Tanner. Ich kenne einen Anwalt in Zürich, der sich in der Fliegerei auskennt, kontaktieren Sie ihn. Außerdem sind Sie für Verlust jeder Art, auch Diebstahl, versichert. Ich werde den Fall melden, so etwas ist mir übrigens noch nie vorgekommen."

Beim Abschied, während Mr. Wilson seine Papiere ordnete und sorgfältig in seine Aktentasche schob, wiederholte er sein liebenswürdiges Angebot: „Kann ich noch etwas für Sie tun, Herr Tanner?" — „Ja, beten, Mr. Wilson", antwortete Ernst.

Der 5. Dezember war ein neuer Wendepunkt in dieser einmaligen Geschichte. Die Versicherung gab der Firma Beaumont & Son in London den Auftrag, den Fall zu untersuchen. Beaumont & Son befaßt sich mit allen Rechtsfragen in Unfällen, bei denen Lloyd's zahlen muß. Sie hat Rechtsanwälte in aller Welt, im Fall der Helimission im besonderen in Santiago, New York, Paris und London. Zwischen diesen Gesetzeskundigen spann sich nun ein Netz von Briefen, Telexen und Telefonaten, in dem Barbalo sich immer enger verstrickte. Doch es brauchte Zeit. Barbalo ging nochmals zum Angriff über.

Im April 1984 lag in Ernsts Briefkasten die Ankündigung einer Gerichtsverhandlung in Paris. Es handelte sich um eine Anklage Barbalos gegen Ernst Tanner wegen Verleumdung. Das Dokument gab Ernst Zeit bis im Juni, einen Verteidiger zu beauftragen.

Der Brief wurde nach England weitergeleitet.

Kapitel 37

Ein halbes Dutzend

Mit einer „Ecureuil“ (Eichhörnchen), einer französischen Maschine, wollte Ernst die zerstörte XCX in Kenia ersetzen. Sie war ihm als flinker, kräftiger Vogel schon öfters empfohlen worden. Seine Überlegungen gingen dahin, die neue Ecureuil in Kamerun einzusetzen, da eine französische Firma in der kameruanischen Hafenstadt Douala die Wartung übernehmen könnte und somit die Mechaniker aus der Schweiz nicht für jede 100-Stunden-Kontrolle nach Kamerun fliegen müßten. Die Yankee (XDY) aus Kamerun, die der abgestürzten Maschine äußerlich in jeder Beziehung glich, würde ein guter Nachfolger in Kenia werden.

Im November 1983 stand die Maschine bereit. Auffallend war ihre Bemalung: am Bauch fünf verschieden breite, dunkelrote Längsstreifen, die sich über der runden, roten Nase verjüngten. Hedi behauptete, sie habe eine „Säulinase“, was Ernst nicht ganz abstreiten konnte.

Freudig schrieb er an seine Freunde:

„Ein weiteres Wunder Gottes ist unsere neueste Ersatzmaschine, HB-XON, schneller, stärker und geräumiger als der Jet Ranger, mit nur 130 Stunden fast neu. Der prominente Filmschauspieler Bud Spencer war ihr früherer Besitzer. Zusammen mit Joel werde ich sie im Januar nach Kamerun fliegen. Es wird meine neunte Saharaüberquerung sein, und ich bitte Euch herzlich um Eure Fürbitte.“

Wieviel Aufregung ein solcher Helikopterkauf mit sich bringt, davon könnte die Büromannschaft ein Lied singen. Sylvia, die mit Hedi und Ernst durch manchen Streß gegangen war, schrieb:

„Ich bin seit 5½ Jahren bei der Helimission tätig. Während dieser Zeit erlebte ich manchen Sturm und manche Not, aber immer war der Helfer größer. Das ermutigt und stärkt. Ich habe oft erfahren, daß der Herr Jesus erst dann helfend eingreift, wenn ich nicht mehr weiter weiß. Zuerst arbeitete ich mit Hedi und Ernst Tanner allein. Mit wachsender Heliflotte fiel auch mehr Büroarbeit an, und so hat der Herr noch weitere Kräfte hinzugetan. Für mich ist es ein besonderes Vorrecht, so direkt im Reich Gottes tätig zu sein, wenn auch nicht an vorderster Front. Dafür bin ich dem Herrn Jesus dankbar."

Sie hatte recht. Die Heliflotte wuchs. Sie wuchs trotz Niederlagen. Wer hätte gedacht, daß Ernsts Wunsch nach einem halben Dutzend solcher Maschinen schon im elften Jahr in Erfüllung ginge? Obwohl zwei davon im Kampf gefallen, eine dritte kampfunfähig geworden war, konnte die Helimission doch viele Siege vorweisen. Sie wirkte, wo sie hinkam, immer in zweifacher Hinsicht: geistlich und materiell. In Kamerun, Bolivien, Kenia und Äthiopien hatten Tausende das froh- und freimachende Evangelium zum ersten Mal gehört. In Zaire und Nigeria war der Helikopter von Kamerun aus für kürzere Einsätze unterwegs gewesen. Mit Freuden hatten die Piloten vom Segen Gottes berichtet, den sie verbreiten und selbst miterleben durften.

Am späten Nachmittag des 12. Septembers 1985 hört man endlich das langersehnte Brummen des Helikopters, und Ernst Tanner setzt mit der neuen Maschine HB-XPN auf dem Landeplatz in Trogen auf. Es ist die zweite Ecureuil. Sie ist für einen Hilfseinsatz in Sudan bestimmt. Nur ein Tag steht zur Verfügung, um sie für den großen Flug vorzubereiten. Der Bodenteppich wird durch einen abwaschbaren Belag ersetzt, der Reservetank eingebaut, alle Gepäckstücke sorgfältig gewogen, Stück um Stück im Heli verstaut. Auf der Post in Trogen kommen noch die letzten Express-Pakete an, und um fünf Uhr nachmittags das wichtigste Papier vom Luftamt in Bern. Um 17:55 Uhr hebt der Heli vom kleinen Heliport ab. Ernst Tanner dreht eine Runde und fliegt bei klarstem Herbstwetter Richtung Samaden.

Samstag, 14. September. Start in Samaden. Schwer beladen steigt der Heli über den Berninapaß Richtung Italien. Auftanken in Bari. Landung auf der Insel Korfu (Griechenland) um 16:00 Uhr. Telefonat nach Trogen: Alles o.k.!

Sonntag, 15. September. Über viele Inseln und über die Berge des Pelopones in einer Höhe von 4000 m nach Kreta. Auftanken in Herakleion. Zwei Stunden 20 Minuten nur Wasser und Himmel, bis die ägyptische Küste sichtbar wird. Gute Landung in Alexandria. Telefonat nach Trogen: Alles o.k.! Das gemietete Rettungsboot und die Schwimmweste werden in die Schweiz zurückgeschickt.

Montag, 16. September. Flug über Ägypten, dem grünen Nil entlang, mit gutem Rückenwind auf 1000 m Höhe. Es wird heiß — Afrika. Landung in Assuan um 14:20 Uhr.

Dienstag, 17. September. Im Weiterflug überquert Ernst den Assuan-Stausee, die Grenze zu Sudan, die Nubische Wüste und trifft bei Abu Hamed wieder auf den Nil. Kurz nach Mittag landet er in Khartoum und wird von einem Vertreter der UNO-Flüchtlingshilfe empfangen. Leider dauert es noch eine ganze Woche, bis fünf Instanzen die Bewilligung zum Fliegen und Helfen erteilt haben.

Das kleine Wüstendorf El Genina, dicht an der Grenze zum Tschad, ist plötzlich aus seinem jahrtausendelangen Schlaf erwacht. Im Zentrum Afrikas gelegen, von unzählbaren Quadratkilometern Wüste umgeben, muß man sich fragen, wie Menschen hier leben können. Im Distrikt Nord-Darfur, zu dem El Genina gehört, leben rund 300 000 Menschen in äußerster Armut. Der vielversprechende Regen des Jahres blieb aus. Zu einer hungernden Bevölkerung kommen seit Monaten 120 000 Flüchtlinge aus Tschad. Zu Haut und

Knochen abgemagert, sammeln sie sich rund um die Dörfer. Vertreter der UNO und anderer Organisationen eilen den Verzweifelten zu Hilfe. Durch die UNO ist auch der kleine Schweizer Helikopter gekommen. Es ist eine Ecureuil, derselbe Typ wie die gestreifte, die in Kamerun fliegt, aber mit blaurotem Band. Sie hat die Aufgabe, die Lebensmittel, die täglich durch mächtige Herkules-Transportflugzeuge nach El Genina eingeflogen werden, in die Dörfer und Lager zu bringen. Einmal mehr sieht Ernst das Gespenst menschlichen Elends, äußerster Not, Kummer und Tränen hautnah vor sich.

Das Lager Beda ist innerhalb von drei Wochen von 6000 auf 12000 Menschen angewachsen. Ein junger französischer Arzt und zwei Krankenschwestern bemühen sich um die Betreuung. Eine Krankenstation muß gebaut werden, Latrinen und Lagerschuppen. Eine amerikanische Gesellschaft fliegt mit Chinook-Helikoptern Versorgungsgüter ein. Ernst bringt Personal und Medikamente.

Als wäre es des Elends nicht genug, bricht auch noch die Cholera aus. Man braucht eine Absonderungs-Station, Infusionen, geschultes Personal, Kübel, spezielle Betten . . .

Es ist nicht gerade ein ideales Arbeitsfeld für einen Neuankömmling auf dem Missionsfeld. Dennoch beginnt hier in El Genina, am Ende der Welt, der Dienst von Dean aus Neuseeland, einem neuen Piloten der Helimission. Er kommt mit seiner jungen Frau Kaylene und seinem einjährigen Sohn Daniel. Er bleibt, arbeitet und leidet mit.

Kapitel 38

Die Kinder fliegen aus

Die Zeit verrinnt. Die Helimission ist schon über zehn Jahre alt geworden. Niemand hatte Zeit, das Jubiläum zu feiern. In Tanners Haus und Familie bleibt das Kommen und Gehen. Bevor nun die jungen Tanners ausfliegen, läßt Ernst sie in einem seiner Freundesbriefe zu Wort kommen. Er wußte selbst am besten, daß nicht nur Hedi und er Opfer gebracht, sondern daß auch seine Kinder unfreiwillig daran beteiligt worden waren. Wie es sich gehört, beginnt der Älteste und schreibt:

„Als Ältester des Tanner-Nachwuchses hatte ich die Möglichkeit, die Arbeit meiner Eltern früh zu begreifen und mitzuverfolgen. Unser ‚trautes Heim' wurde von vielen Bekannten besucht, so daß wir wohl genug Abwechslung hatten, das Familienleben aber in Mitleidenschaft gezogen wurde. Dazu trugen die vielen Abwesenheiten des Vaters wesentlich bei. Starke Eindrücke in meiner Kinderzeit hinterließen die Kinder- und Jugendfreizeiten, die Vorträge meines Vaters, und auch ein Unfall, den ich wie durch ein Wunder überlebte. In meiner Lehrzeit, geprägt durch diverse persönliche Konflikte, distanzierte ich mich von der Familie, und unser Verhältnis wurde kalt. Offensichtlich festigte sich meine Persönlichkeit in jener gefährlichen

Phase meines Lebens. Ich fand eine neue Beschäftigung bei IBM Schweiz im technischen Außendienst, wo ich mich weiter formen konnte. Im Februar '83 machte ich die RS und bin nun im September fertig mit dem Abverdienen des Korporals. Ich interessiere mich für die Offiziersschule, bin jedoch immer noch bei IBM beschäftigt. Für die Zukunft möchte ich mich noch weiter allgemein bilden. Wann mein Weg in die Arbeit meines Vaters führt, weiß ich zur Zeit noch nicht.

Immanuel"

Die älteste Tochter schreibt:

„‚Ihr sollt verkünden die Wohltaten des, der euch berufen hat von der Finsternis zu seinem wunderbaren Licht' (1. Petrusbrief 2,9).

Meine Bekehrung liegt nun schon 6 Jahre zurück, und ich darf bezeugen, daß das Leben mit Jesus spannend ist und durch viele kleine Wunder bereichert wird. Ich habe zweieinhalb Jahre als Krankenpflegerin gearbeitet. Jetzt stehe ich in der Ausbildung als Krankenschwester und helfe nebenbei in der Jugendarbeit der Gemeinde Buchegg in Zürich mit. Die Möglichkeit, Gottes Liebe an die Patienten, Mitarbeiterinnen und Schulkolleginnen weiterzugeben, ist sehr groß. Die Menschen um mich herum sind suchend nach der Wahrheit und sehnen sich in ihrem Herzen nach Frieden. Dadurch bin ich täglich herausgefordert, praktisches Christsein vorzuleben. Ich danke dem Vater im Himmel, daß er mich in seiner Güte durch diese Schule führt und für den Dienst, wo immer er sein wird, vorbereitet.

Mirjam"

Die um ein Jahr Jüngere meint:

„Als ich 1962 zur Welt kam, wußte ich noch nicht, daß ich später einmal die Mitte von fünf Geschwistern sein würde. Aber ich muß sagen, daß ich weder große Vorteile noch Nachteile empfand. Als ich dann aber meine Schulzeit zu Ende hatte, wußte ich überhaupt nicht, was aus mir werden sollte. Somit folgte für mich eine längere Zeit der Geduldsprobe. Es war für mich nicht so leicht, Gottes Willen zu erkennen. In dieser Zeit empfand ich wie noch nie, wie mich meine Eltern in Worten und Taten ermutigten, wofür ich ihnen immer dankbar sein werde. Mit Gottes wunderbarer Treue und Hilfe lernte ich Arztgehilfin. In diesem Beruf finde ich tiefe Befriedigung. Nun ist es mein großer Wunsch, meinem Vater im Himmel damit zu dienen. Ob dies in der Mission sein wird oder sonstwo, da bin ich selber noch gespannt. Momentan arbeite ich noch als Arztgehilfin und sage so ab und zu: Herr, lehr mi Geduld — aber rasch!

Damaris"

Der nächste ist wieder ein Sohn, der sich so äußerte:

„1965 wurde ich in Trogen geboren. Zur Zeit bin ich im dritten Lehrjahr als Feinmechaniker, Stift der Wild, Heerbrugg. Täglich fahre ich mit meinem Töffli ins Rheintal (ca. 40 Min.). Abends, wenn ich müde und meistens halb erfroren zu Hause ankomme, bin ich oft gezwungen, am ‚Schnäpper' gewisse Reparaturen vorzunehmen, was für mich zum Hobby wird. Ich habe die Helimission gern, aber manchmal ist auch das Gegenteil der Fall, ganz besonders, wenn die vielen schweren Sorgen um sie und die Verantwortung meinen Papa zu erdrücken drohen. Dennoch möchte ich ihm eigentlich helfen. Mein fernes Ziel ist, einmal Heli-Mech zu sein.

Simon"

Und der letzte durfte auch noch etwas sagen, nämlich:

„Ich habe einen Wunsch, den mir niemand erfüllen kann: Ich möchte, ich wäre ein paar Jahre früher geboren. Dann müßte ich nicht mehr so lange lernen, würde bald auch zu den Erwachsenen gehören und könnte bald Papa in seiner großen Aufgabe beistehen. Doch da ich eben erst 1970 in Trogen geboren wurde, muß ich in den sauren Apfel beißen und die Schulbank noch einige Jahre drücken. Ich glaube, daß ich damit meiner Mutter einen großen Gefallen tue und ihr das Leben ein wenig unterhaltsamer mache. Wenn meine großen Geschwister alle ausgeflogen sind, bin ich nämlich im ‚Gango-Club': Laub rechen, Stecker reparieren, Ofen anfeuern, Brot holen, Keller aufräumen usw. Ach, wofür sind die jüngsten Kinder nur da?

Lucky"

Kapitel 39

Zaire

Herr Riddle von der Baptistenmission in Zaire hatte schon länger mit Ernst Kontakt und des öfteren um Helikopterhilfe gebeten. Endlich konnte ein dreiwöchiger Einsatz geplant und organisiert werden. Ernst flog die Maschine selbst von Kamerun über Gabon nach Kinshasa und fand dort alles sehr gut vorbereitet. Während den 30 Flugstunden konnte viel für das Reich Gottes getan werden. Norman Riddle beschrieb sehr ausführlich, wie die Einsätze durchgeführt wurden:

„In einem Dorf fragte ich, ob Männer da seien, die vor zwei Jahren, als ein Evangelist dort gepredigt hatte, Christen geworden seien, nicht zur Zauberei zurückgekehrt, sondern treu geblieben wären und nur eine Frau hätten. Es meldeten sich einige. Wir bestimmten zwei von ihnen als Diakone, auch zwei Frauen als Diakonissinnen. In einem Widmungsgottesdienst segneten wir die vier als Leiter der Christen sowie auch einen als Vorleser. Leider konnten wir ihnen keinen Bibellehrer schicken, aber wir ermutigten sie, das Evangelium von Christus in den umliegenden Dörfern weiterzusagen.

Vom 4. bis 19. November haben wir 119 Dörfer besucht und drei Landepisten fertiggestellt. Über 10000 Menschen wurden erreicht. Von den 2907 Bekehrten sind 11 Häuptlinge. In 79 Dörfern fragten die Bewohner nach einem Bibellehrer. Wir haben zu wenige."

Norman Riddle schloß den Brief mit der herzlichen Bitte, für Bibellehrer zu beten, und der entschiedenen Feststellung, daß dies alles ohne Helikopter nicht möglich gewesen wäre.

Die absolute Notwendigkeit des Helieinsatzes für das geistliche Leben ist nicht so augenfällig wie das Bedürfnis nach Hilfe bei materiellen Nöten. In der Ewigkeit werden wir erkennen, welche Seite für Gott wichtiger war. Das Wort Gottes lehrt uns, auf beides zu achten. Darin sieht die Helimission ihren Auftrag.

Kapitel 40

Das Gas von Nyos

Es war für Dean selbstverständlich, daß er seinen Heli abdrehte und Richtung Nyos flog, als man ihm in einem Buschdorf erzählte, in jener Gegend sei ein Unglück geschehen. In seinem Monatsbericht schreibt er:

„Ich starte am 23. August um 07:15, um ein Ärzteteam nach Badji zu bringen. Sie wollen ihren Routinebesuch in den Buschspitälern durchführen. Badji ist ein abgelegenes Dorf im Nordosten. Das Katsinatal, durch das wir fliegen müssen, ist von schweren, dichten Wolken bedeckt. Wir landen deshalb auf einem kleinen Fußballfeld, um auf den Aufbruch der Wolken zu warten. Ganz zufällig erzählt mir ein Lehrer von einer seltsamen Begebenheit, die sich in Nyos ereignet habe. Das Buschtelefon ist unglaublich schnell! Sofort suche ich den Polizeikommissar auf und biete ihm die Hilfe der Helimission an. Niemand nimmt das Ereignis sehr ernst, und schon gar niemand ist bereit, mit mir in das Gebiet zu kommen, aus Angst vor dem ‚Gas'. Also entschließe ich mich, allein hinzufliegen. Bald darauf starte ich Richtung Nyos.

Das erste, was mir auffällt, ist der See. Er sieht furchtbar aus. Sonst ein schöner, dunkelblauer See, eingebettet in den nördlichen Bergen — jetzt ein sterbender Teich mit rotbraunen und schwarzen Flecken. Auf der Oberfläche schwimmen verfaulte Pflanzen. Die steile Felswand an der westlichen Kraterseite ist weiß, nicht wie sonst dunkel. Am flachen Ufer der Südseite sind Pflanzen und Sträucher wie von einer riesigen Welle niedergewalzt. Der Wasserfall, der sonst fröhlich in den See plätscherte, ist verstummt. An den Abhängen der Hügel liegen tote Tiere. Es sind Schafe, deren Leiber schon aufgebläht sind. Ein schrecklicher Anblick ...

Beim Überfliegen des Dorfes sehe ich den wahren Umfang der Katastrophe: hunderte von Leichen. Ich bitte den Herrn Jesus, mir Weisheit und Kraft zu geben. Dann entschließe ich mich, zu landen und die Sache zu untersuchen. Ein katholischer Priester aus Wum ist nur einige Minuten vor mir eingetroffen, so gehen wir gemeinsam durch das Dorf. Überall liegen Tote. Ein starker Verwesungsgeruch empfängt uns. Das Gas hat besonders an den Erwachsenen eine schnelle Verwesung verursacht. Die Menschen liegen dort, wo sie zuletzt geatmet haben. Kein Zeichen von Angst oder Panik. Manche liegen noch in ihren Betten, andere am Boden davor. Familien liegen dicht zusammengedrängt. Manche sind in die Feuerstelle gefallen. Eine Frau wurde beim Gebären überrascht. Alles Leben scheint ausgelöscht.

Doch dann trafen wir auf sechs Bewohner, die auf unerklärliche Weise am Leben geblieben waren!“

Am nächsten Tag flog Steve, der zweite Pilot, mit Dean zum Unglücksort. Er schreibt:

„Am 24. August fliegen Dean und ich mit 95 Liter Wasser ins Katastrophengebiet. Wir verteilen das Wasser und helfen, wo wir können. Wir werden Zeugen der letzten Beerdigungen.

Wir fliegen weiter nach Subum und müssen feststellen, daß etwa 40 Prozent der Bevölkerung umgekommen ist. Wir treffen Ärzte, die aus der Hauptstadt gekommen sind. Wir evakuieren acht Schwerverletzte ins Spital von Wum. Am Donnerstag fliegen wir das CNN-Team zum Nyosgebiet. Wir fliegen auch Reporter nach Wum, wo sich viele Überlebende befinden. Am Samstag fliegt das Schweizerische Katastrophenteam mit uns.

Dieser Tag ist in Kamerun zum ‚Tag der Trauer' erklärt worden. Alle Läden sind geschlossen. Es gibt keine Musik und keinen Tanz. Nur Kirchenlieder dürfen gespielt und gesungen werden. Wir sind beeindruckt von dieser aufrichtigen Anteilnahme am Schicksal der Überlebenden."

Kapitel 41

Zwei gegen einen

„Hier ist die gewünschte Zugverbindung." Ruth, die junge, tüchtige Sekretärin legte ein Blatt Papier auf Ernsts Schreibtisch. Ernst studierte die kurze Notiz. 2. Juni: Lausanne ab 07:38, Paris an 11:28. „Wann beginnt die Sitzung?" fragte er etwas zerstreut. „Erst um drei Uhr nachmittags, es reicht gut, sogar noch zu einem Mittagessen." — „Dazu habe ich wohl wenig Lust, doch bin ich froh, zeitig dort zu sein, um mich etwas zu sammeln. Wer weiß, was mich alles in Paris erwartet."

Es war keine Gerichtsverhandlung, dennoch fühlte Ernst einen wachsenden Druck, je näher der besagte Tag heranrückte.

Während er im TGV durch die französische Landschaft sauste, durchblätterte er zum x-ten Mal seine Akten. Es ging noch einmal um Barbalo, und er hoffte, die Geschichte würde jetzt endlich ein Ende finden. Die Gerichtsverhandlung mußte in Paris stattfinden, weil Barbalo Franzose war. Alles hing nun davon ab, ob die Graphologen, die an diesem Tag in Paris zusammenkamen, Ernsts Unterschrift auf dem umstrittenen Kaufvertrag als gefälscht oder echt beurteilten. Ernst wußte, daß sie gefälscht war, aber ob die Fälschung schlecht genug war, daß andere das erkennen konnten? Und wenn nicht? Ernst wagte kaum an die Folgen zu denken. Die ganze Arbeit der Helimission würde daran zugrunde gehen!

Es war zum Glück nicht seine, Ernst Tanners Arbeit, es war Gottes Sache ...

Ernsts Gedanken eilten dem TGV voraus. In Paris erwartete ihn ein tüchtiger Anwalt, hinter dem die Firma Beaumont & Son stand, deren Rücken die gewaltige Lloyds-Versicherung deckte. Er fühlte diesen Schutz wie eine mächtige Mauer hinter sich, gegen die Barbalo anrennen mußte.

Ein Taxi brachte ihn zur Avenue Aubriot, wo sich das Büro der Experten befand. Er traf dort mit Maître LeFevre, seinem Anwalt, zusammen, und gemeinsam begrüßten sie die bereits anwesenden drei Schriftenexperten. Ein weiterer Herr wurde ebenfalls vorgestellt, die Sitzung begann. Da öffnete sich die Türe nochmals, ein vornehmer Herr erschien, nickte kurz und nahm auf dem freien Stuhl Platz. Ernst durchfuhr es heiß: Es war Barbalo! Niemand hatte auch nur angedeutet, daß sein Gegenspieler erscheinen würde. Er kämpfte den aufkeimenden Sturm der Gefühle nieder, indem er sich auf die Gespräche und deren Bedeutsamkeit konzentrierte. Verwundert stellte er fest, daß sein Herz ohne Haß war, und er bestaunte die Veränderung, die nur Gott in ihm bewirkt haben konnte. Aus dem Aktenstoß wurde das corpus delicti, das Original des angefochtenen Vertrages, vorgelegt und den Experten übergeben. Es besagte in spanischer Sprache, daß Ernst Tanner die Bo verkauft und die Kaufsumme bar in Empfang genommen habe. In allen Gesprächen, die Ernst damals mit Barbalo geführt hatte, war nie vom Verkaufen die Rede gewesen, sondern immer vom Vermieten. Der Vertrag, den Ernst in New York unterschrieben hatte, war ein Chartervertrag gewesen.

Deutlich erinnerte Ernst sich an jene Stunden, obwohl sie schon über drei Jahre zurücklagen. Drei Jahre des Bangens, des Hoffens und Kämpfens. Mit gutem Gewissen konnte er behaupten, für sein Recht von Pontius zu Pilatus gereist zu sein, nach Chile, Amerika, London und jetzt nach Paris. Er fragte sich, wie das noch weitergehen sollte und wie lange seine Kräfte ausreichen würden.

Fragend schaute er in die Runde, versuchte in den Gesichtszügen der Experten zu lesen, aus ihren Reden klug zu werden. Er folgte den Ausführungen von Maitre LeFevre, der mehrmals von Barbalos Anwalt unterbrochen wurde.

Schließlich wurde vereinbart, daß die Ergebnisse der Prüfungen dem Anwalt zu Handen des Gerichts zugestellt werden sollten.

„Sie werden Geduld haben müssen," ermutigte Maître LeFevre Ernst beim Abschied.

„Ich bin seit vielen Jahren dabei, das zu lernen. Doch was denken Sie, wie lange wird das Ergebnis der Expertise auf sich warten lassen?"

„Es kann Winter werden . . ."

Und es wurde Winter. Am 1. Dezember hielt Ernst einen Brief von Beaumont & Son als Beilage zu einem 49seitigen Aktenbündel in Händen, aus dem er nicht klug werden konnte. Doch der kurze Begleitbrief ließ sein Herz höher schlagen. Er las:

„Es scheint nun, daß wir etwas weitergekommen sind in dem französischen Verfahren. Ich lege meinem Brief eine Kopie des Berichts bei, der von den drei Schriftexperten, die vom französischen Gericht beauftragt worden waren, eingereicht wurde. Das Dokument ist sehr technisch. Zwei der Experten folgern, daß ‚Ihre' Unterschrift auf dem ‚Contrato di Compra Venta' nicht authentisch ist, während der dritte keinen Beweis finden kann, daß sie nicht echt sei. Mit freundlichen Grüßen D.A.K."

Zwei gegen einen!

Ernst konnte es kaum fassen. Er schöpfte neue Hoffnung, fühlte physische Erleichterung, freute sich beinahe auf den Gerichtstag, auf eine endgültige Entscheidung. Wie lange würde es noch dauern?

Kapitel 42

Glück und Unglück

Das Jahr ging zu Ende. Die Helimission arbeitete in vier Ländern Afrikas, und vier tüchtige Piloten taten einen hingebungsvollen Dienst.

Eine fünfte Maschine hatte Ernst in Abu Dhabi, in den Vereinigten Arabischen Emiraten, gekauft und unter vielen Gefahren über Bahrain, Riad, Jedda, Sana, Addis Abeba, Nairobi nach Uganda geflogen. Sie stand bereit zum Einsatz. In wunderschönen Regenbogenfarben bemalt, fast neu, aufs beste instrumentiert, zu einem unglaublich günstigen Preis, mit dem Schweizerzeichen HB-XRH, so hatte Ernst sie zu Hause vorgestellt. Alle mochten sie von Anfang an.

Während Ernst in Uganda auf die Flugerlaubnis wartete, ereilte ihn über Trogen die Schreckensnachricht, daß die XLL in Äthiopien auf einen Berghang abgestürzt und an einem Felsen zerschellt sei. Der Pilot Carson und die vier Passagiere — Straßenbaufachleute — konnten die Maschine wie durch ein Wunder ohne Verletzungen verlassen. Die Nachricht löste in Trogen und überall, wo die Helimission tätig war, große Bestürzung aus. Neben aller Dankbarkeit für die Bewahrung der Menschenleben war Hedi untröstlich über den Verlust des von ihr so sehr geschätzten Jet Rangers XLL. Sie konnte nicht glauben, daß die Maschine total zerstört sei.

Erst drei Wochen nach dem Unglück kam Ernst nach

Hause; Uganda hatte keine Flugbewilligung gegeben. Er kam gerade rechtzeitig, um eine neue Hiobsbotschaft in Empfang zu nehmen. Der dreijährige Colby, jüngster Sohn des Piloten Steve in Kamerun, war an einer Vergiftung gestorben, nachdem er ein Desinfektionsmittel getrunken hatte. Die Trauer und das Mitleid mit den schwergeprüften Eltern war groß. Die Helimissionsstation in Bamenda bekam ein Kindergrab. „Die mit Tränen säen ... werden mit Freuden ernten".

Die seltsame, für alle so unfaßbar fremde Geschichte des Fernando Rios Selvo de Barbalo fand am 18. März 1987 ein nicht für alle Beteiligten glückliches Ende. Der schlaue Fuchs war in die Falle gegangen. Das Gericht verurteilte ihn wegen Urkundenfälschung zur Zahlung der Bo 105, einer Schadenersatzsumme sowie eines symbolischen Frankens an Ernst als Genugtuung für den moralischen Schaden, den Barbalo durch sein Verhalten bewirkt hatte. Nachdem Ernst das Urteil schriftlich empfangen hatte, konnte er — nach seinen eigenen Worten — tagelang nichts anderes denken als: „Barbalo ist verurteilt, Gott hat sich gerechtfertigt."

Die Lloyds-Versicherung, die gegen ihre eigenen Interessen den Prozeß geführt und gewonnen hatte, bezahlte zum guten Schluß den Helikopter, der ja gegen Diebstahl versichert und auf eine so hinterhältige, in der Geschichte der Lloyds noch nie dagewesene Art gestohlen worden war. Herr T. Wilson, der liebenswürdige, hilfsbereite Engländer, überbrachte den Scheck der Versicherung eigenhändig nach Trogen, wo das Ereignis mit einem gemütlichen Fondue gebührend gefeiert wurde.

Kapitel 43

Zwei Geburtstage und eine Reise

Wie oft hatte Ernst seiner Hedi von Afrika erzählt — bildhaft, lebendig, farbig, eindrücklich. Wie oft hatte er geseufzt: „Du solltest das sehen, einmal selbst erleben!" Wie oft hatte er sich seine Frau an seiner Seite gewünscht, damit sie seine Arbeit besser verstehen und mittragen könnte! 1987 war ein Jahr der runden Geburtstage: Ernst und Hedi feierten beide ihren sechzigsten! Das Geburtstagsgeschenk war nun die Reise nach Kamerun. Hedi wußte nicht recht, ob sie sich freuen oder fürchten sollte. In all den Jahren hatte sie Afrika, im besonderen Kamerun, aus Briefen, Erzählungen und Bildern kennengelernt.

Nun kam alles in greifbare Nähe. Die Orte kamen ihr so bekannt vor, als wäre sie schon öfter dagewesen. Die Buschkirchen, die Dörfer, in denen Ernst und der Helikopter mit Freuden empfangen wurden; die Mohammedanersiedlungen, wo sie den Lamido (Häuptling) grüßen und in den Hof zu dessen Frauen gehen durfte; das Übernachten in einem Lehmhaus, auf das ein Gewitterregen niederprasselte; die abenteuerlichen Foufou-Essen, der Gesang der Schwarzen, die Flüge über den unendlichen Urwald . . . Sie durfte ruhig werden und sich freuen über die grüne Landschaft und die lebendigen Städte. Sie lernte, was es heißt: TIA (This is Africa!).

Als sie wieder zu Hause war, drückte sie es ungefähr so aus:

„Gott ist in Afrika realer, lebendiger, näher, wirklicher als in Europa. Weshalb?

Die Gefahren durch Menschen, Tiere und Krankheiten sind größer. Du mußt fortwährend um Bewahrung beten. Du trinkst Wasser mit der Bitte, daß es gefiltert ist, du ißt Foufou und hoffst, daß es dir nicht schadet. Du weißt nicht, welch schmutzige Hände dein Essen bereitet haben. Du gehst durch die Straßen der Stadt, betend, daß dir niemand das Wenige stiehlt, das du hast. Du brauchst ein Werkzeug und betest, daß du einen Laden findest, wo du es kaufen kannst. Alles ist unsicher. Jeder Tag ist ein Spiel: Wirst du gewinnen oder verlieren?

Du lernst, was es heißt, Gott anzurufen. Wenn der Blitz in dein Haus schlägt, bezahlt keine Versicherung. Wenn du krank bist, ist kein Arzt in der Nähe. Du wirst bestohlen, niemand ersetzt es dir. Du fängst einfach wieder von vorn an. Der Überlebenskampf ist hart. Du mußt überall kämpfen, nichts fällt dir zu. Die Menschen gehen zu Fuß, die Straßen sind voll von Fußgängern. Der eine bringt Früchte zum Markt, der andere Körbe, der dritte Eier, der vierte einen Stuhl. Jeder versucht, das, was er produziert hat, zu verkaufen. Entweder er findet einen Käufer, oder er trägt alles wieder nach Hause. Entweder er hat morgen zu essen, oder er hat nicht.

Ich spüre diese Härte, auch die Ergebenheit in ein unabänderliches Schicksal. Beides liegt in der Luft, steht in den Gesichtern der Erwachsenen, in den Augen der Kinder geschrieben. Immer wieder staune ich: überall, auf Straßen, schmalen Wegen, über Treppen, Brücken, durch Wasser, Schmutz und Schlamm balancieren schwarze Krausköpfe breite Strohteller, prall gefüllte Getreidesäcke, Einkaufstaschen, Holzbündel, Balken, Bananen . . .“

Kapitel 44

Durch Leiden zum Sieg

Nach ihrer Rückkehr fuhren Ernst und Hedi noch einige Tage zur Erholung nach Italien. Als sie am dritten Tag nach einem Ausflug zum Zeltplatz zurückkamen, rief der Mann an der Pforte: „Telefonare Svizzera!" Ängstlich blickte Hedi auf ihren Mann. Etwas ist geschehen, sagten ihre Augen. Doch es war spät abends, nirgends ein Telefon . . .

Beunruhigt wartete Ernst am nächsten Morgen, bis das Ufficio den Schalter öffnete, um nach Trogen zu telefonieren. Besorgt saß Hedi vor dem Zelt und wartete auf die Nachricht, die ihr Mann bringen würde. Endlich kam er. Er lächelte nicht, sondern setzte sich blaß zu ihr. „Was ist es?" — „Ein Unfall in Äthiopien." — „Mit dem Heli?" — „Ja." — „Ist jemand verletzt?" — „Nein, beide tot." — „Wer?" — „Steve und ein Missionar."

Sie konnten nicht mehr sprechen. Ihre Herzen waren starr. Steve lebte nicht mehr! Ernst erinnerte sich zurück an die Tage, die er mit Steve zusammen in Uganda verbracht hatte. Vor kurzem hatte er erst in Äthiopien angefangen. Bereitwillig, freundlich, erfahren, so sah Ernst ihn vor sich. Hedi dachte an Kathy, Steves Frau, die noch um ihr Söhnchen Colby trauerte. Wie würde sie dieses doppelte Leid überstehen?

Die Zeltnachbarn schauten herüber. Sie spürten, daß etwas nicht stimmte. „Come va?" (Wie geht es?) „Accidente", sagte Ernst, „con elicottero, due morti, due amici." (Unglück, mit Helikopter, zwei Tote, zwei Freunde.)

Es war gut, mit jemandem zu sprechen, sich aufzumachen, etwas zu unternehmen. „Wir fahren sofort nach Hause, ich muß nach Äthiopien, um Kathy zu helfen!"

Noch nie war das Zelt so schnell abgebrochen, der Wagen geladen, der Platz geräumt, die Freunde im Dorf und auf dem Land draußen informiert. Ein kurzer, trauriger Abschied — und sie waren unterwegs, zurück in dem „Kampf, der uns verordnet ist".

Schon am nächsten Tag flog Ernst nach Addis. Seine Sorge galt Kathy. Zu seinem Erstaunen war sie ziemlich gefaßt, sie bestand sogar darauf, zum Unfallort mitzukommen. Es war ein kleines, offenes Tal mit einem Wassergraben, einigen Büschen und Bäumen. Man nahm an, daß der Helikopter über dem Hügelzug einen Turbinenausfall gehabt und Steve sofort eine Notlandung eingeleitet hatte. Die beiden Männer mußten beim ersten Aufschlag getötet worden sein.

Während Ernst sich mit den Fachleuten die Unfallstelle besah, saß Kathy etwas abseits und blickte über das Tal.

Als Ernst sie zum Rückflug holte, meinte sie nachdenklich: „Welch schöner Ort, um heimzugehen." Ihr Steve war nicht gestorben, er war heimgegangen. Woher bekam Kathy die Kraft, so zu sprechen?

Für die ganze Helimissionsfamilie, die Piloten mit ihren Frauen und Kindern, das Büroteam in Trogen, für Hedi und Ernst war dies ein harter Schlag. Nicht nur, daß der fast neue, erst seit einigen Monaten im Einsatz stehende Regenbogenheli total zerstört war, weit größer war die Lücke, die Steve, der allerorts beliebte Missionspilot, hinterließ.

Ernst nahm Kathy und ihren fünfjährigen Sohn Steven mit in die Schweiz. Bei der Begrüßung mußte Hedi schmerzerfüllt daran denken, daß sie Steves ganze Familie vor weniger als zwei Jahren fröhlich in die Arme geschlossen hatte. Und heute? Die halbe Familie lag in Afrikas Erde . . .

Kathy und Steven verbrachten einige Tage in Trogen. Das

sommerliche Wetter erwärmte ihre Herzen, und Ernst fuhr mit ihnen zu einem Spaziergang durch die herrliche Blumenpracht der Insel Mainau.

„Ernie“, begann Kathy zaghaft, „mein Herz gehört einfach der Mission. Ich kann zwar nicht fliegen, aber trotzdem möchte ich weiter für die Helimission arbeiten.“

Ernst war überrascht. Er überlegte und antwortete nicht gleich.

„Könnte ich nicht in Amerika etwas tun?“ Kathy sprach eher zu sich selber. „Ja, ich könnte Kirchen besuchen und von der Helimission erzählen. Ich habe doch viel erlebt, viel gesehen.“ Sie hatte Ideen, die kleine, energische Frau. Sie wollte sich ihrer Trauer nicht hingeben.

„So habe ich dich noch gar nicht gekannt, Kathy. Du hast Mut, und wir werden alles tun, um dich zu unterstützen ...“

Dann sah sie Ernst lange an. Schließlich sagte sie leise:

„Vielleicht finde ich Piloten, die gerne Gott dienen möchten und keine Angst vor Gefahren haben. Nicht wahr, Ernie, Gott sucht doch immer noch Menschen, die sich von ihm gebrauchen lassen ...“

Kapitel 45

Nachwort

Wir schreiben den 6. Juli 1989. Ernst Tanner befindet sich mit einer Maschine des Typs Jet Ranger 206 B, Immatrikulation HB-XSH, auf dem Flug von Trogen, Schweiz, nach Mwanza, Tansania. Es ist der elfte Überflug nach Afrika. Sein jüngster Sohn Lukas begleitet ihn als Co-Pilot. Sie rechnen acht bis neun Tage, um die Distanz von rund 7000 Kilometern zu überwinden, immer vorausgesetzt, daß keine Komplikationen auftreten.

Die XSH (Sierra Hotel) wartete ein Jahr lang auf den vorgesehenen Einsatz in Äthiopien. Politische Unruhen veranlaßten die Regierung in Addis Abeba jedoch, ihre positive Antwort auf das Hilfsangebot der Helimission immer wieder hinauszuzögern. Das notleidende äthiopische Volk lag Ernst seit seiner ersten Begegnung im Jahre 1974 sehr am Herzen. Dreimal klopfte er 1988 bei den verschiedenen, ihm wohlbekannten Stellen in Addis an: vergeblich. Die Helimission blieb auf „stand by".

Tansania: Eine große afrikanische Organisation, die African Inland Church, bekundete Interesse an Hilfseinsätzen in Urwaldgebieten an den Küsten der großen Seen. Es gibt dort Kinder, die geimpft, Mütter, die über grundlegende Hygiene informiert, und Väter, die über einen liebenden Vater im Himmel unterrichtet werden müssen. Ihnen allen wird die XSH dienen.

In Kamerun, dem ersten afrikanischen Land, in dem die Helimission tätig war, steht eine „Ecureuil“ im Einsatz, die HB-XPN. Die elegante, französische Maschine wird von einem Neuseeländer geflogen. Viele Organisationen, Regierungsbeamte, medizinisches Personal, ja, unzählige Dorfbewohner im Busch kennen den blaurot-gestreiften Hubschrauber mit dem Schweizerkreuz seit vielen Jahren.

In Kenia steht die Basis der Helimission in Kitale, einer kleinen Stadt im Nordwesten des Landes, nahe der Grenze zu Uganda. Die älteste Maschine der Helimission, die HB-XDY, und die neueste, der starke, siebenplätzige Long Ranger HB-XSP, werden von zwei amerikanischen Pilotenfamilien betreut. Es ist eine Übergangssituation, wenn zwei Maschinen in einem Land fliegen. Die XDY wird noch dieses Jahr in Neuseeland total überholt und dann in einem anderen Land eingesetzt werden.

Die Basis im Osten von Zaire entstand 1986 an einem sehr einsamen Ort im bergigen Grenzgebiet zu Rwanda. Eine amerikanische Missionsstation ist der nächste Nachbar der Helimission. Einsame Täler mit kleinen Dörfern, Höhenzüge mit versteckten Siedlungen können mit der HB-XON, der gestreiften Ecureuil, mühelos erreicht werden. Mühelos bei klarem Wetter, aber unter vielen Gefahren bei Nebel und Wolken, die die tropischen Regenwälder fast dauernd einhüllen.

Die in Neuseeland wieder aufgebaute HB-XLL, die 1987 in Äthiopien abgestürzt war, wartet auf einen Einsatz in Papua Neu Guinea (PNG), der für Anfang 1990 geplant ist. Die Kontakte mit den Missionsgesellschaften in PNG sind geknüpft. Obwohl das Land langsam aus seiner Steinzeit erwacht und die Menschenfresserei offiziell verboten wurde, gibt es noch unerreichte, von Urwäldern überwachsene Berggebiete mit Menschen, die kein Rad, kein Geld und keine Zeit kennen. Zu ihnen möchte die XLL fliegen.

Die Helimission besitzt seit 1988 in den USA eine kleine Hughes 300 zu Schulungszwecken. John, ein guter Freund von Ernst Tanner, bildet darin junge Piloten für die Helimission aus. Der erste, der auf der N 1105 W das Flugbrevet absolvierte, war Tanners jüngster Sohn. Vier andere Jungpiloten kommen nach. Für Ernst ist es eine besondere Freude, mitzuerleben, wie junge Menschen, begeistert von ihrem Glauben an Jesus Christus und ebenso begeistert von ihrem Dienst in der Fliegerei, nun allmählich in das Werk der Helimission hineinwachsen.

Gegenwärtig stehen zehn Männer in der Ausbildung zum Helikoptermechaniker und Piloten. Es sind Schweizer, Deutsche, Holländer und Amerikaner, die in den kommenden zwei Jahren bereit sein werden, in der Helimission mitzuarbeiten.

Den Schwerpunkt 1989 bildet die Konferenz, die im November in Nairobi, der Hauptstadt Kenias, stattfinden soll. Eingeladen sind die Piloten, die aus den verschiedenen Ländern eintreffen, um allgemeine sowie persönliche Probleme auszutauschen. Die Männer sind hauptsächlich an technischen Fragen interessiert, die Frauen werden sich über Kindererziehung, Schulung, Flight following (Funkkontakt mit dem Helikopter) und über das Einleben in einer fremden Kultur unterhalten. Es werden zwanzig Erwachsene und zwölf Kinder teilnehmen. Sie alle blicken schon jetzt mit großer Spannung und Erwartung nach Nairobi.

In einem seiner vielen Dokumentarfilme über die Heli-Einsätze spricht Ernst Tanner den Wunsch aus, daß diese Maschinen als Boten der Nächstenliebe vom frühen Morgen bis zum Einbruch der Nacht in allen Teilen der Welt Hilfe bringen mögen. Dies ist zwar ungewöhnlich, aber nicht etwa unmöglich.

Stiftung HELIMISSION
CH-9043 Trogen · Tel. 071 94 24 04